Querigma

Núcleo de Catequese Paulinas

Querigma
A força do anúncio

Dados Internacionais de Catalogação na Publicação (CIP)
(Câmara Brasileira do Livro, SP, Brasil)

Querigma : a força do anúncio / Núcleo de Catequese Paulinas. – São Paulo : Paulinas, 2014. – (Coleção Pastoral litúrgica)

ISBN 978-85-356-3668-0

1. Catequese - Igreja Católica 2. Cristianismo 3. Educação cristã 4. Evangelização 5. Querigma 6. Vida cristã I. Núcleo de Catequese Paulinas II. Série.

13-11727   CDD-261.2

Índice para catálogo sistemático:
1. Querigma : Iniciação cristã : Cristianismo   261.2

1ª edição – 2014
5ª reimpressão – 2022

Direção-geral: *Bernadete Boff*
Editores responsáveis: *Vera Ivanise Bombonatto*
e Antonio Francisco Lelo
Copidesque: *Mônica Elaine G. S. da Costa*
Coordenação de revisão: *Marina Mendonça*
Revisão: *Ruth Mitzuie Kluska*
Gerente de produção: *Felício Calegaro Neto*
Capa e diagramação: *Jéssica Diniz Souza*
Ilustração: *Gustavo Montebello*

Nenhuma parte desta obra poderá ser reproduzida ou transmitida por qualquer forma e/ou quaisquer meios (eletrônico ou mecânico, incluindo fotocópia e gravação) ou arquivada em qualquer sistema ou banco de dados sem permissão escrita da Editora. Direitos reservados.

Paulinas
Rua Dona Inácia Uchoa, 62
04110-020 – São Paulo – SP (Brasil)
Tel.: (11) 2125-3500
http://www.paulinas.com.br – editora@paulinas.com.br
Telemarketing e SAC: 0800-7010081
© Pia Sociedade Filhas de São Paulo – São Paulo, 2014

Sumário

Introdução 9
1. Situação atual 13
2. A experiência de Deus 16
3. Querigma 29
4. Conteúdo do querigma 35
5. A Igreja do amor 55
6. Fé e conversão 64
7. O anunciador do querigma 73
8. Iniciação cristã e querigma 82

Anexo

O Evangelho segundo Marcos 97
Oficinas sobre o querigma 105
Bibliografia 109

Falar de Deus é comunicar, com força e simplicidade, com a palavra e com a vida, aquilo que é essencial: o Deus de Jesus Cristo, aquele Deus que nos mostrou um amor tão grande a ponto de encarnar-se, morrer e ressuscitar por nós; aquele Deus que pede para segui-Lo e deixar-se transformar pelo seu imenso amor para renovar a nossa vida e as nossas relações; aquele Deus que nos doou a Igreja, para caminhar juntos e, através da Palavra e dos Sacramentos, renovar a inteira Cidade dos homens, a fim de que possa tornar-se Cidade de Deus.

Bento XVI.
O Ano da fé. Como falar de Deus? Audiência Geral. 28/11/2012

Introdução

Querigma significa pregão, proclamação ou anúncio, e de fato é sinônimo de Evangelho em seu sentido grego: *Eu-anguélion*, "Boa-Notícia". O anúncio feito pelos apóstolos é a primeira proclamação da Boa-Nova do acontecimento Jesus de Nazaré realizado na força do Espírito Santo e está baseado no testemunho pessoal deles. Esse anúncio tem como objetivo suscitar a fé e a conversão a Cristo.

Pela fé temos acesso ao abraço paterno de Deus, que não hesita em "entregar o seu Filho único, para que todo o que nele acredita não morra, mas tenha vida eterna" (Jo 3,16). Pela fé nos tornamos amigos de Jesus e somos transformados em filhos pelo Espírito Santo. A fé veio ao nosso encontro quando fomos batizados e a recebemos de maneira infusa e gratuita, sem mérito nenhum de nossa parte. Assim, entramos na Igreja para fazer parte da família de Deus.

Desde tenra idade, sem sobressaltos, vimos nossa fé crescer em família ao murmúrio das rezas, do canto das novenas e dos festejos do padroeiro. Vivíamos numa sociedade de maioria católica, na qual o comum era crer em Cristo. Agora, com o crescente pluralismo, a sociedade perdeu o referencial de vida cristã e lidamos com batizados na infância que não tiveram o mínimo contato com a fé; por isso, torna-se necessário, e ao mesmo tempo incomum, anunciar Jesus e o seu Reino de uma maneira clara e decidida.

Comunicar a Boa-Notícia da salvação com alegria e confiança, como o bem maior de nossa vida e acima de todas as realidades deste mundo, tornou-se uma forma tremendamente atual de fazer pastoral!

O objetivo deste livro não é aprofundar e especificar detalhadamente os aspectos doutrinais de Cristo e da revelação, mas capacitar o agente, especialmente o(a) catequista, para anunciar o querigma e, dessa forma, estimular as pessoas a estabelecerem uma relação de fé na perspectiva da revelação de Deus para nós. Essa prática requer conversão para o aprendizado desse estilo.

A disposição dos capítulos segue a trajetória do desenvolvimento do querigma. Partimos da sensibilidade de fé, da abertura religiosa, naturalmente presente nas pessoas. Hoje, temos a grande tarefa de ajudá-las a ler a manifestação de Deus nos acontecimentos e situações que as envolvem; o que significa falar de Deus a partir do sofrimento e de suas inquietações para sentirem a presença e a ação salvadora divina. A experiência de Deus torna-se a matéria-prima de nossa prática evangelizadora. Daí a necessidade de ouvirmos as pessoas e ajudá-las a interpretar suas vidas sob o olhar da fé.

O mistério de Deus nos foi revelado por aquele que veio do Pai. Deus vem ao encontro do ser humano, por isso toda conversão se dá no encontro pessoal com Jesus Cristo. Ele revela sua proposta de vida nova, não como fato passado, mas como realidade plenamente atual, capaz de abraçar quem a acolhe em continuidade da única história da salvação, conduzida pelo Espírito Santo.

A Igreja é a comunidade dos seguidores de Jesus, novo povo de Deus fundado na nova aliança graças ao sangue de Cristo. A Igreja anuncia a salvação como sua razão de ser. Assim, todo aquele que crê é inserido numa cadeia ininterrupta de vida da Igreja, de anúncio da Palavra de Deus, de celebração dos Sacramentos, que chega a nós e que chamamos de Tradição. Essa nos dá a garantia de que aquilo em que acreditamos é a mensagem original de Cristo, pregada pelos apóstolos.

Tendo sempre a consciência de que o amor de Deus precede a nossa conversão e proporciona uma relação pessoal de confiança, com vista à salvação e à vida eterna, torna-se fundamental a decisão de aceitar essa proposta de vida. O primeiro anúncio é interpelante, reitera a promessa de graça aplicando-a ao contexto dos ouvintes para suscitar a reação de cada um à mensagem.

> Pode-se dizer que o primeiro anúncio oferece a porta de entrada da experiência cristã. É uma porta experiencial, vital, uma porta pela qual tem que passar. E não se transpassa somente com o pensamento, mas tomando uma decisão [...] de estabelecer um contato pessoal com Jesus Cristo, considerado como alguém que está vivo e que oferece a vida em plenitude, o encontro com Deus, a salvação.[1]

---

[1] MORLANS, Xavier. *El primer anuncio*: el eslabón perdido. Madrid: PPC, 2009. p. 45.

"E como crerão se ninguém proclamar?" Portanto, é decisiva a missão de quem anuncia a Boa-Nova. Apesar dos limites de cada um, anuncia quem testemunha a Boa-Nova, aquele(a) que se põe a seguir o Mestre como discípulo para adquirir seus valores e participar de sua missão.

Depois tratamos do lugar do querigma na iniciação cristã dos adultos. O querigma constitui o primeiro elemento do tempo do pré-catecumenato; conduz a uma conversão e fé inicial em Jesus Cristo para um posterior aprofundamento na catequese. Conforme o *Documento de Aparecida*, deverá constituir o fio condutor de toda a catequese.

Situação atual

Vivemos tempos novos com uma forma instantânea de nos comunicar sem importar a distância. Os especialistas, como também os bispos reunidos em Aparecida, falam da mudança de época que estamos atravessando. Esta não atinge somente este ou aquele aspecto concreto da existência, mas os próprios critérios de compreender a vida, de tudo o que a ela diz respeito, inclusive a própria maneira de entender Deus.

Com as novas tecnologias, os costumes antigos perderam seu sentido, ficaram para trás, e pouco a pouco desaprendemos a olhar o passado com seus ensinamentos. Menos ainda nos preparamos para o futuro, já que este se acha cada vez mais incerto e distante. A imediatez dos acontecimentos determina a urgência do momento e o sentido da vida se concentra no que fazemos agora.

As relações entre as pessoas e as instituições estão marcadas pela complexidade, pois a sociedade cresceu e evoluiu em sua autocompreensão. A vida nos grandes aglomerados urbanos torna-se cada vez mais exigente e mutante. A tecnologia simplifica a produção, mas requer muitas horas de dedicação, o que acaba gerando um volume de trabalho cada vez maior.

Nesse horizonte, a verdade sobre Deus fica ofuscada:

> Na cultura contemporânea, tende-se frequentemente a aceitar como verdade apenas a da tecnologia: é verdadeiro aquilo que o homem consegue construir e medir com a sua ciência; é verdadeiro porque funciona, e assim torna a vida mais cômoda e aprazível. Esta verdade parece ser, hoje, a única certa, a única partilhável com os outros, a única sobre a qual se pode conjuntamente discutir e comprometer-se.[1]

Nesse clima insólito, a afirmação do indivíduo que pensa, reage, incorpora valores e decide sobre seu destino é fundamental para não se pulverizar, manter sua identidade, encontrar o sentido de sua existência e se posicionar diante de si, da sociedade e de Deus. Essa autoafirmação,

---

[1] FRANCISCO. *Encíclica Lumen Fidei*. São Paulo: Paulinas, 2013. n. 25.

também chamada de subjetivismo, acaba se radicalizando; por isso, continua o Papa: "depois haveria as verdades do indivíduo, como ser autêntico em face daquilo que cada um sente no seu íntimo, válidas apenas para o sujeito mas que não podem ser propostas aos outros com a pretensão de servir o bem comum".[2]

O indivíduo se confronta com as muitas faces do pluralismo, diferentes formas de viver e pensar convivem em nossa cultura, desde o amplo leque de ideologias partidárias às múltiplas crenças religiosas. Esse pluralismo liberta as pessoas de normas fixas, mas também as desorienta pela perda das referências fundamentais e gera a fragmentação da vida e da cultura.

Necessidade do primeiro anúncio

O panorama religioso sofre uma mudança vertiginosa. A prática contundente do batismo de crianças gerou a sociedade com a esmagadora maioria de fiéis guiada com a prevalência dos costumes católicos. Sentíamo-nos habitantes de uma sociedade cristã mesmo que a maioria dos batizados se contentasse apenas com os sacramentos do Batismo, da Primeira Comunhão, do casamento religioso e da missa de sétimo dia, como a prática de fé de sua vida inteira.

> No passado, no Ocidente, em uma sociedade considerada cristã, a fé era o ambiente em que tudo se desenrolava. A referência e a adesão a Deus, para a maioria das pessoas, fazia parte da vida cotidiana. Quem não acreditava era quem tinha que justificar a sua descrença. Em nosso mundo, a situação mudou e, cada vez mais, quem acredita precisa ser capaz de dar razões da sua fé.[3]

Atualmente, "o cristão muitas vezes não conhece nem sequer o núcleo central da própria fé católica, do Credo, de modo a deixar espaço a certo sincretismo e relativismo religioso, sem clareza sobre a verdade de crer e da singularidade salvífica do cristianismo".[4]

---

[2] Ibid.
[3] BENTO XVI. *O Ano da Fé: os caminhos para chegar ao conhecimento de Deus.* Audiência Geral. 14/11/2012.
[4] BENTO XVI. *O Ano da Fé: introdução.* Audiência Geral. 17/10/2012.

O número dos que se professam católicos vem diminuindo sensivelmente. De maneira geral, as famílias perderam a capacidade de transmissão da fé, especialmente para suas crianças. Numa mesma família, é comum encontrar várias opções de fé por parte de seus membros. Além do mais, o distanciamento em relação a Jesus Cristo e ao Reino de Deus traz graves consequências para toda a sociedade, principalmente nas inúmeras formas de desrespeito e mesmo de destruição da vida. São as ameaças à vida, frutos de uma cultura de morte, que levam os cristãos a anunciarem convictamente uma nova ordem social.[5]

O acompanhamento e a evangelização das famílias continuam fundamentais, seja qual for o modo de sua estruturação.

> Em nossas paróquias participam pessoas unidas sem o vínculo sacramental, outras estão numa segunda união, e há aquelas que vivem sozinhas sustentando os filhos. Outras configurações também aparecem, como avós que criam netos ou tios que sustentam sobrinhos. Crianças são adotadas por pessoas solteiras ou por pessoas do mesmo sexo que vivem em união estável.[6]

Isto nos anima a recuperar o primeiro anúncio dirigido aos adultos batizados na infância, que, em sua grande maioria, nunca ouviram falar do nome, da pessoa ou da missão de Jesus de Nazaré; às famílias e às crianças como forma de suscitar-lhes a fé e promover o encontro com Jesus Cristo.

Anunciar o querigma constitui uma nova forma de fazer pastoral! A atual consciência missionária da Igreja interpela cada cristão a "sair ao encontro das pessoas, das famílias, das comunidades e dos povos para lhes comunicar e compartilhar o dom do encontro com Cristo".[7]

A Conferência Nacional dos Bispos do Brasil concebe a Igreja em estado permanente de missão. Essa urgência implica o anúncio e o reanúncio de Jesus Cristo, possibilitando aos que não o conhecem ou que dele se afastaram ouvir o núcleo da Boa-Nova da Salvação.[8]

---

[5] Cf. CNBB. *Diretrizes Gerais da Ação Evangelizadora da Igreja no Brasil – 2011-2015*. São Paulo: Paulinas, 2011. p. 32. (Documentos CNBB 94).
[6] CNBB. *Comunidade de comunidades*: uma nova paróquia. Brasília: Edições CNBB, 2013. n. 104. (Estudos CNBB 101.)
[7] *Documento de Aparecida*, n. 548.
[8] Cf. CNBB. *Diretrizes gerais – 2011-2015*, p. 10.

2 A experiência de Deus

> Para proclamar o primeiro anúncio podemos partir da sensibilidade de fé, da abertura religiosa, naturalmente presente nas pessoas, ou dos acontecimentos e situações que as envolvem, e dali ajudá-las a sentirem a presença e ação salvadoras de Deus.

A dispersão da vida moderna nos distrai daquilo que é essencial, não nos ampara no sofrimento e tampouco oferece respostas para ele. O ritmo frenético do cotidiano com exigências cada vez maiores de: capacitação profissional, dificuldades de locomoção, volume de trabalho... priva-nos de dar atenção àquelas realidades que nos educam para uma visão mais ampla da vida que não seja unicamente as necessidades imediatas do dia a dia. Nessa rotina, o sentido de Deus se esvai porque outras necessidades se colocam como prioridade. Ele não é negado, mas deixado para outro momento.

E, no entanto, continuamente buscamos sentido para o nascer, a morte, o unir-se a outra pessoa. As várias fases da vida suscitam perguntas fundamentais: quem somos? O que faço da minha vida? O que me deixa mais feliz? Por que esses acontecimentos inesperados?... Quanto mais sensíveis formos ao sentido de nossa existência e às razões que norteiam nossas escolhas, mais aptos estaremos para indagar sobre a presença de Deus em nossa vida.

"O desejo de Deus está inscrito no coração do homem, já que o homem é criado por Deus e para Deus; e Deus não cessa de atrair o homem a si, e somente em Deus o homem há de encontrar a verdade e a felicidade que não cessa de procurar."[1]

Há sinais que levam a Deus. Ele não se cansa de olhar para nós, pois é fiel ao ser humano que criou e redimiu, e, porque nos ama, também permanece perto das nossas vidas. Comumente reconhecemos os sinais de Deus onde se vive o amor, onde se sabe perdoar, onde se constrói a

---

[1] *Catecismo da Igreja Católica*, n. 27.

paz, onde somos acolhidos sem preconceitos... A natureza O revela: no ciclo das estações, na beleza de sua paisagem, na fecundidade da terra e em todo o movimento do universo. Esses sinais nos humanizam e nos abrem para Deus e colocam-se na contramão do consumismo desenfreado ou do carreirismo ganancioso.

Para entender os sinais de Deus, precisamos ter fé. Quem não tem fé vê as mesmas coisas e participa dos mesmos acontecimentos, mas não lhes entende o sentido. É como a pessoa que não sabe ler. Vê as letras, os sinais, mas não sabe interpretá-los. E ao contrário, para quem tem fé "até um pingo é letra", e tudo acaba falando de Deus.

Um olhar mais atento poderá aflorar a sensibilidade de sua presença silenciosa tantas vezes abafada dentro de nós. Cada experiência de vida nos conduz em direção ao mistério; cada desejo faz eco de um desejo fundamental que jamais será plenamente satisfeito. Em vários momentos de nossa vida "experimentamos" Deus.[2]

Vamos buscar Deus onde ele deixa ser encontrado e não cessa de nos surpreender. Quando estamos em silêncio e retornamos ao centro de nosso ser, temos a capacidade de parar e de olhar profundamente para dentro de nós e ler aquela sede de infinito que nos empurra para mais longe e nos remete a Alguém que pode saciá-la.

A *escuta interior* nos facilita observar os sinais dele; faz-nos ouvir a voz da consciência, observar mais de perto a carência de nosso coração e até mesmo nossas atitudes egoístas. O caminho interior nos fortalece para tomarmos atitudes corajosas que nos abrem para a verdade, a justiça e a liberdade. Esse é um lugar próprio para ajudar as pessoas a se despertarem para Deus, pois ali ele quer se encontrar conosco.

Falar com Deus

O Antigo Testamento nos mostra a face de Deus solidário que escuta o clamor de socorro e atua em favor do seu povo. Deus diz a Moisés

---

[2] BENTO XVI (*O Ano da Fé: o desejo de Deus.* Audiência Geral. 07/11/2012) completa: "Educar desde a infância a saborear as verdadeiras alegrias, em todos os âmbitos da existência – a família, a amizade, a solidariedade com quem sofre, a renúncia ao próprio eu para servir ao outro, o amor pelo conhecimento, pela arte, pela beleza da natureza, tudo isso significa exercitar o gosto interior e produzir anticorpos eficazes contra a banalização e o abatimento hoje difundidos".

do meio da sarça: "Eu vi a opressão de meu povo no Egito, *ouvi* o grito de aflição diante dos opressores e tomei conhecimento de seus sofrimentos. Desci para libertá-los..." (Ex 3,7-8).

Como o povo de Israel, falamos com Deus nos momentos difíceis da vida quando nos cobre a dor do luto; ou a desilusão amorosa deixa nosso coração partido e tudo perde o sentido; ou quando o desemprego nos humilha e nos faz perder a confiança em nós mesmos... Nesses momentos críticos, falar com Deus é um recurso de vida ou de morte, porque chegamos ao limite de nossas forças, e agora sim é hora de ele atuar!

A vida nos reserva muitas surpresas, falsamente temos a sensação de que somos donos dela, com forças para direcioná-la para este ou aquele rumo. Ao nos sentirmos desamparados, perdemos o sentido da vida e queremos nos livrar do desespero. "Eu andava perambulando sem ter nada pra comer. Vou pedir às almas santas para vir me socorrer. Foi as almas que me ajudou, foi as almas que me ajudou (sic). Meu Divino Espírito Santo, louvo a Deus Nosso Senhor!" Esta canção de reza popular mostra bem a indigência humana, que nos faz recorrer a Deus como recurso definitivo de ajuda. E sabemos a que ponto chega nossa pobreza, que não se resume unicamente à fome, mas se estende, principalmente, à carência de nossos afetos e sentimentos. Quantas vezes vagamos solitários sem ter nada que nos acalme – "sem ter nada para comer".

Ao passarmos pela experiência crítica de nossos limites, sejam eles quais forem, e depois de provar a total falta de forças, recobramos o alento sem sabermos de onde veio. Aí, sim, temos a convicção de que vimos Deus, tocamos a orla do seu manto e somente por ele conseguimos sair do fundo do poço.

Numa manhã de domingo, uma senhora que morava na favela empurrava seu carrinho de catadora. Havia chovido muito naqueles dias, e ela estava desolada: "Meu barraco está caindo, entrou água pela porta, o gás acabou, meu homem foi embora e estou sem dinheiro". Do fundo do seu desconsolo, ela concluiu com um pensamento: "Eu não tenho a quem clamar, só a Deus que está no céu".

De fato, Deus nunca abandona quem o invoca. Essa convicção acompanhou o povo de Israel durante as perseguições e o exílio. É a experiência de que tudo pode falhar, menos a misericórdia divina. Assim a memória vitoriosa da Páscoa animou o povo a seguir adiante, pois como um punhado de hebreus fora capaz de enfrentar o exército mais bem armado da época?! Tudo teria se acabado, se Deus não o tivesse protegido com sua mão forte e seu braço estendido.

Enquanto contarmos somente com nossas pobres forças, não daremos conta de superar a dor que nos atormenta. O consolo vem Dele, a graça e a força vêm do Alto. A Páscoa é sempre a passagem da morte à vida, da escravidão à liberdade. Nessa travessia somente o Altíssimo nos salva das águas revoltas; por isso, Guimarães Rosa repetia: "Travessia, Deus no meio".

Na Bíblia, temos o exemplo notório de Jacó que luta com Deus, imagem de nossas batalhas com o Senhor. Esse diálogo está permeado pela gratuidade com que Deus se dirige a nós e, ao mesmo tempo, é atraído pelo desejo que temos de sua amizade e presença.

> Quando depois (Jacó) ficou sozinho, um homem se pôs a lutar com ele até o raiar da aurora. Vendo que não podia vencê-lo, atingiu a coxa de Jacó, de modo que o tendão se deslocou enquanto lutava com ele. O homem disse a Jacó: "Larga-me, pois já surge a aurora". Mas Jacó respondeu: "Não te largarei, se não me abençoares". E o homem lhe perguntou: "Qual é o teu nome?" – "Jacó", respondeu. E ele lhe disse: "Doravante não te chamarás Jacó, mas Israel, porque lutaste com Deus e com homens, e venceste". E Jacó lhe pediu: "Dize-me, por favor, teu nome". Mas ele respondeu: "Para que perguntas por meu nome?" E ali mesmo o abençoou. Jacó deu àquele lugar o nome de Fanuel, pois disse: "Vi Deus face a face e minha vida foi poupada". O sol surgia quando ele atravessava Fanuel; e ia mancando por causa da coxa (Gn 32,24-31).

Quantas vezes passamos um bom tempo lutando com Deus!

A luta empreendida por Jacó compara-se ao embate silencioso com nossas dúvidas e dificuldades que pedem uma Palavra ou um sinal do Alto. Deus tem seus caminhos e nós reagimos em aceitá-los, porque sua vontade é muito diferente da nossa. No entanto, ele nos dirige a Palavra, nos questiona e nos apresenta caminhos antes impensados, mas sempre com a condição: se livremente queremos dialogar com ele e assumir a aventura que nasce dessa conversa verdadeira e audaciosa.[3]

---

[3] Cf. PEDROSA-PÁDUA, Lúcia. Espaços de Deus: pistas teológicas para a busca e o encontro de Deus na sociedade plural. In: OLIVEIRA, Pedro A. Ribeiro; DE MORI, Geraldo (org.). *Deus na sociedade plural*: fé, símbolos, narrativas. São Paulo: Paulinas/Soter, 2013. p. 24.

Falar de Deus

Torna-se, então, altamente significativo anunciar o Reino, a partir da experiência de vida de quem é o nosso interlocutor. Podemos lembrar uma catequese para pais e padrinhos de Batismo, na qual, a princípio, os participantes tinham uma postura bastante indiferente, quase dizendo: "Viemos aqui porque fomos obrigados". Diante disso percebemos que a conversa não iria fluir, então, ocorreu-nos perguntar quem tinha passado por alguma situação em que percebeu Deus na sua vida.

Imediatamente, uma madrinha contou sua experiência. Numa visita rotineira, o médico constatou um nódulo que lhe formara no seio e era caso de operação. Diante da incerteza do grau da metástase, os dias que antecederam à cirurgia foram de revolta e de martírio, pois tinha o esposo, um filho e uma filha na casa dos vinte anos, e naquele momento tudo parecia se acabar.

A revolta permanecera até que num sábado pela manhã, antes dos seus acordarem, fez café, sentou-se à beira da mesa e, como num filme, viu toda a sua vida passar. Lembrou-se das primeiras dificuldades, da compra da casa, do nascimento dos filhos, deles crescendo... Naquele instante, convenceu-se de que tudo vinha de Deus e, então, tudo voltava para ele. Ao dar-se conta disso, o sentimento de conformidade tomou o lugar do desespero.

A essas alturas, falava com lágrimas nos olhos. Veio a operação, e a gravidade da doença foi superada com o tratamento quimioterápico. Dizia ela: "Como não reconhecer a ação de Deus em minha vida?", "Como não sentir sua presença durante o meu desespero?".

Desnecessário notar que a atitude dos participantes daquela reunião passou da indiferença para a total atenção. Tomar como referência a experiência de vida e perceber nela a passagem de Deus cria sentido para se falar da esperança cristã.

No Brasil, nosso povo demonstra uma grande abertura religiosa. Estejamos atentos às indagações que fazem as pessoas, aos acontecimentos e situações que as envolvem porque proporcionam a oportunidade de anunciar Jesus Cristo. O desafio consiste em apresentar e ajudar a amadurecer uma fé consoante ao projeto de Jesus de Nazaré, para que não se dilua no universo dos interesses unicamente pessoais.

A experiência de Deus torna-se a matéria-prima de nossa prática catequética. Daí a necessidade de ouvir o catequizando, ajudá-lo a interpretar sua vida sob o olhar da fé e também dar testemunho da própria fé. Essa sensibilidade vai se aprimorando e se concretizando no confronto da revelação com os acontecimentos da vida, o que vai gerar, de fato, uma pessoa de fé.

A pessoa de fé não se desencanta com os fracassos nem faz da fé, unicamente, motivo para buscar milagres e facilidades para a vida.

> Quantas dificuldades há na vida de cada um, no nosso povo, nas nossas comunidades; mas, por maiores que possam parecer, Deus nunca deixa que sejamos submergidos. [...] Nunca percamos a esperança! Nunca deixemos que ela se apague nos nossos corações! [...] Quem é homem e mulher de esperança sabe que, mesmo em meio às dificuldades, Deus atua e nos surpreende.[4]

Para efetivamente anunciarmos o Evangelho, além dos sinais da vida pessoal de nosso interlocutor, devemos conhecer a realidade à nossa volta e nela mergulhar com o olhar da fé, em atitude de discernimento. Vamos seguir a pedagogia do Filho de Deus que se encarnou assumindo nossa condição humana em tudo, menos no pecado. Assim, anunciamos os valores do Evangelho do Reino na realidade que nos cerca, à luz da Pessoa, da Vida e da Palavra de Jesus Cristo, Senhor e Salvador.[5]

Vontade de Deus e ação do mal

Um critério essencial e orientador para discernir a experiência de fé consiste em acolher a vontade de Deus nos acontecimentos da vida. A vontade do Pai é o nosso bem, jamais ele quer o nosso mal. O mal, a morte, a violência, a exclusão... são frutos do pecado gerados pela liberdade humana. Mesmo as doenças e fraquezas pertencem à natureza humana, inclusive a morte. A grandeza de Deus é justamente o triunfo dele sobre todas essas realidades. Nisso consiste o ato de fé.

Contra todo pecado, o Pai nos enviou Jesus Cristo que nos redimiu, isto é, nos libertou de toda maldade concedendo-nos a vida eterna.

---

[4] FRANCISCO. Santa Missa na Basílica do Santuário Nacional de Aparecida. In: *Palavras do Papa Francisco no Brasil*. São Paulo: Paulinas, 2013. pp. 23-24.

[5] Cf. CNBB. *Diretrizes gerais – 2011-2015*, n. 17.

Quando reis e nações se coligaram contra Jesus, fizeram desabar sobre ele o mistério da maldade humana pregando-o na cruz. Então, o Filho de Deus, sem pecado, conheceu a morte. Mas o Pai o ressuscitou dos mortos. Onde a palavra humana é de morte e violência, a Palavra do Pai é criadora e plena de vida.

Jesus, na oração do Pai-nosso, destacou fortemente: "Seja feita a vossa vontade, assim na terra como no céu!". Também reiterou: "O meu alimento é fazer a vontade daquele que me enviou e levar a termo a sua obra" (Jo 4,34); e mesmo prestes a iniciar o processo de sua paixão, sozinho no horto das oliveiras, rezou: "Pai, se quiseres, afasta de mim este cálice; contudo, não seja feita a minha vontade, mas a tua!" (Lc 22,42). Diz o evangelista que nesse momento ele suou sangue. O Filho de Deus, para salvar a humanidade, experimenta a escuridão da morte e é ressuscitado pelo Pai, trazendo consigo a humanidade inteira. A vontade do Pai é que o Filho salve a humanidade, mesmo tendo que passar pela morte humana.

Fazer a vontade de Deus não significa deixar as coisas acontecerem passivamente a seu bel-prazer, mas sim lutar com as forças de que dispomos para transformar e conduzir as situações da melhor maneira possível. Porém, nossos desejos e capacidade de intervenção nos fatos estarão sempre submetidos à vontade do Pai, do seu plano que é maior que o nosso. Isto significa que nem sempre os nossos projetos coincidem com os dele; porém, uma convicção de base nos acompanha: ele nos ama e quer o nosso bem.

Ao acolher o relato da experiência de vida de uma pessoa, cabe ao agente de pastoral distinguir entre a ação humana e a intervenção de Deus, e, assim, cuidar para que a maldade que faz parte daquela situação seja devidamente atribuída a quem de direito a praticou e nunca a Deus. Pois a ele, que quer somente o bem das pessoas, não podem ser imputadas a irresponsabilidade, injustiça ou violência deliberada de um criminoso.

Perceber a ação de Deus na vida é a arte de quem aprendeu a dialogar com ele. Hoje, abre-nos a grande tarefa de ajudar as pessoas a ler a manifestação de Deus em suas vidas; o que significa falar de Deus a partir do sofrimento e das inquietações humanas sempre em busca de superação. Trata-se de conferir o sentido para a vida além da dispersão do acúmulo de atividades e encontrar Aquele que pode preencher o coração humano.

O cristão sabe que o sofrimento não pode ser eliminado, mas pode adquirir um sentido: pode tornar-se ato de amor, entrega nas mãos de Deus que não nos abandona e, desse modo, ser uma etapa de crescimento na fé e no amor. Contemplando a união de Cristo com o Pai, mesmo no momento de maior sofrimento na cruz (cf. Mc 15,34), o cristão aprende a participar no olhar próprio de Jesus; até a morte fica iluminada, podendo ser vivida como a última chamada da fé, o último "Sai da tua terra" (cf. Gn 12,1), o último "Vem!" pronunciado pelo Pai, a quem nos entregamos com a confiança de que ele nos tornará firmes também na passagem definitiva.[6]

Testemunhos bíblicos

Abraão, Moisés, Davi, os profetas, Maria, Paulo... são grandes personagens do passado que deixaram seus nomes na lembrança do povo de Deus por seus grandes feitos. São pessoas que sofreram a incompreensão e a perseguição, e também sofreram com o silêncio de Deus e tiveram de discernir a vontade de Deus nas situações que enfrentaram.

Eles souberam guiar e constituir o povo em fidelidade a um Deus que salva. Foram protagonistas de uma profunda experiência de Deus. Não apenas foram homens e mulheres de ação; foram homens e mulheres de oração. Deus se fez presente em suas vidas e souberam travar um diálogo vital com ele. Apresentamos o exemplo de duas mulheres na Bíblia e podemos seguir a lista relatando o testemunho de pessoas que viveram intensamente sua fé e traçaram uma trajetória de vida com plena confiança no Senhor.

Ana: a força da oração[7]

> Depois que em Silo comeram e beberam, Ana levantou-se. O sacerdote Eli estava sentado em sua cadeira, à entrada do santuário do Senhor. Ana, cheia de amargura, em profusão de lágrimas, orou ao Senhor. Fez a seguinte promessa: "Senhor dos exércitos, se olhares para a aflição de tua serva e de mim te lembrares, se não te esqueceres da tua escrava e lhe deres um filho homem, eu o oferecerei a ti por toda a vida, e não passará navalha sobre sua cabeça".

---

[6] FRANCISCO. *Encíclica Lumen Fidei*, n. 56.
[7] Transcrevemos esse texto da obra de: LATORRE, Jordi. *Modelos bíblicos de oração*: herança do Antigo Testamento na liturgia. São Paulo: Paulinas, 2011. pp. 90-93.

Como ela se demorasse nas preces diante do Senhor, Eli observava o movimento de seus lábios. Ana apenas murmurava: seus lábios se moviam, mas não se ouvia sua voz. Eli julgou que ela estivesse embriagada. Por isso lhe disse: "Até quando estarás bêbada? Tira essa bebedeira!" Ana, porém, respondeu: "Não é isso, meu senhor! Sou apenas uma mulher muito infeliz; não bebi vinho nem bebida forte, mas derramei a minha alma na presença do Senhor. Não consideres tua serva uma mulher perdida, pois foi por minha excessiva dor e aflição que falei até agora". Eli então lhe disse: "Que tua serva encontre graça diante dos teus olhos". E a mulher foi embora, comeu, e seu semblante não era mais triste como antes (1Sm 1,9-18).

O Primeiro Livro de Samuel abre-se com uma cena de peregrinação ao santuário de Silo. Elcana, com suas duas esposas, se dirige a oferecer o sacrifício anual de peregrinações. Nesse clima de festa aparente, o narrador anônimo nos revela o drama familiar: Ana, uma das duas mulheres, é estéril.

Na mentalidade da época, a fecundidade sexual, junto com a prosperidade econômica e a paz, era um sinal palpável, quase sacramental, da bênção divina sobre o indivíduo e sobre o povo. Por isso, Ana se sente rejeitada por Deus que não lhe concede a fecundidade; ao mesmo tempo é desprezada por Fenina, a outra esposa de Elcana, que era mãe.

Elcana se esforça por consolá-la: oferece-lhe todo o seu terno carinho de marido apaixonado. Mas Ana, profundamente fiel, não se conforma. Dirige-se ao santuário de Silo e, do átrio, eleva sua oração a Deus. Ana sabe que Deus é o único que pode mudar sua situação: "O Senhor é quem dá a morte e a vida, faz descer à morada dos mortos e de lá voltar. O Senhor é quem torna pobre ou rico, é ele quem humilha e exalta" (1Sm 2,6-7), confessará em seu cântico de louvor.

Em sua oração, expõe sua plena confiança em um Deus próximo que se centra na humilhação de seus fiéis, que lembra e não se esquece da situação de seus servos e que concede sua bênção: "Se olhares para a aflição de tua serva e de mim te lembrares, se não te esqueceres da tua escrava", dizia Ana. Isso nos lembra da atitude fundamental de Deus no relato salvífico do êxodo. Deus havia manifestado a Moisés: "Eu vi a opressão de meu povo" (Ex 3,7). A fé fundamental de Israel é a de um Deus presente em sua história, que "vê" todas as situações de necessidade pelas quais atravessa. Deus não é em absoluto distante; sua transcendência se manifesta na imanência. "Quem é igual ao Senhor nosso Deus, que mora no alto e se inclina para olhar para os céus e para a terra?" (Sl 113,5-6). O Deus de Israel se solidariza com a situação de seus fiéis.

A lembrança é, dessa forma, um aspecto da presença. "Lembrar" para o homem bíblico não é apenas uma função intelectual. É um reviver, um reapresentar, um voltar a fazer atualidade o vivido anteriormente. Quando Deus lembra a ajuda oferecida aos patriarcas e ao povo no êxodo, volta a tornar presente a salvação. O êxodo se faz atual em cada instante da história graças à oração do fiel e à lembrança de Deus.

Por isso, a partir dessa convicção, o sacerdote Eli pode garantir a Ana, quase profeticamente, que Deus lhe concederá o que lhe pediu. A partir desse momento, fortalecida em sua fé pela garantia profética que Eli lhe concedeu, Ana se sente recuperada com a alegria e a paz do coração: "Comeu e não parecia a de antes".

Ana come e se recupera espiritual e corporalmente. Dessa simples maneira o autor bíblico nos convida a ver como a fé anima toda pessoa humana. O sofrimento pode chegar a tirar o apetite. E este é recuperado com a alegria e a paz do coração. Também, ao contrário, a vida é contemplada de outra maneira, se tiver mais valor quando desfrutada com boa saúde. A salvação de Deus afeta inteiramente a pessoa humana: em sua realidade corporal e espiritual.

Todos nós já conhecemos a continuação da história: Deus abençoa a fé de Ana com a fecundidade. Ela tem um filho ao qual dá o nome de Samuel, "Deus escutou", e, em cumprimento de seu voto, o oferece ao Senhor no santuário de Silo, onde ficará às ordens de Eli, chegando a ser profeta e juiz do povo de Israel.

A grandeza dessa mulher nos surpreende ainda mais: não reserva para si o que recebe de Deus, mas o entrega a Deus e, através dele, a todo o povo. Samuel será testemunha de Deus entre os seus no delicado momento da implantação da monarquia em Israel.

Ana, junto com Sara, Rebeca, Raquel, a mãe de Sansão, e Isabel, a mãe do Batista, vive em si mesma a tensão entre o drama da esterilidade e a força vivificante que Deus oferece como dom aos que o imploram. A fraqueza dessas mulheres serve para nos fazer compreender que todo filho é um dom gratuito do Senhor. A fecundidade de Ana e das outras mulheres é o fruto do poder da oração.

Como Ana, podemos também nos sentir tentados pela perda de esperança que nos pode espreitar em certos momentos. Como Ana, podemos perder o apetite, a vontade de continuar trabalhando e rezando na vinha do Senhor; sentir como nossas forças se esvaem e ficar esgotados, inclusive fisicamente.

O exemplo de Ana nos convida a pedir a Deus que lembre a história da salvação e venha em nosso auxílio, dando fecundidade à nossa vida. Ana nos ensina a tirar forças da oração e, com um ânimo transformado pela promessa profética da salvação de Deus, retomar com alegria nossa missão.

Maria: o louvor pela salvação[8]

Maria, a primeira cristã, aparece no Evangelho de Lucas não apenas como modelo de discípulo que acolhe com fé a Palavra em sua vida e a faz frutificar, mas também como modelo orante que louva a Deus por sua salvação na vida da humanidade.

No relato da anunciação do anjo a Maria, esta acaba respondendo a Gabriel: "Eis aqui a serva do Senhor! Faça-se em mim segundo tua Palavra" (Lc 1,38). A expressão "serva do Senhor" expressa o tipo de relação que Maria mantém com Deus. Já no Antigo Testamento, Abraão,

---

[8] Ibid., pp. 126-128.

Moisés, Davi, os profetas, o povo de Israel e o Servo anônimo do Segundo Isaías são chamados "servos do Senhor". Todos eles receberam uma vocação em favor do povo: como pai, legislador, governante ou intermediário da Palavra de Deus. A eleição e a missão fazem deles instrumentos da obra salvífica divina. Maria, como "serva do Senhor", é inserida na cadeia de personagens que tornaram possível a salvação de Deus no meio do povo.

A segunda parte da resposta evidencia a determinação fundamental de Maria de se colocar a serviço da vontade de Deus. Maria faz sua a atitude de seu Filho. O "sim" de Maria contém o risco do inesperado e, ao mesmo tempo, a segurança que confere a confiança de Deus. O exemplo de Maria é um chamado à conversão dos cristãos, já que nos sentimos chamados por Deus a uma entrega radical de serviço às pessoas no seio da Igreja.

"Eles não têm vinho" (Jo 2,3). Maria aparece também preocupada pelo desenvolvimento da festa do jovem casal de Caná, na Galileia. Ela era apenas uma convidada, no entanto, toma a iniciativa e se mostra atenta às necessidades dos que a rodeiam. Maria se mostra como intercessora e auxiliadora dos demais. Como boa mãe de família, sabe prever e "dar uma mão" no momento oportuno.

No Quarto Evangelho, Maria aparece no início e no fim da vida pública de Jesus. São dois momentos significativos que guardam estreita relação. Se em Caná se mostra como convidada solícita, no Calvário o faz como mãe valente que sabe fazer frente ao adversário, ao mesmo tempo em que aceita a responsabilidade de uma nova maternidade: a do discípulo anônimo, que encarna em si todos os discípulos do crucificado.

Em Caná e ao pé da cruz, Maria não reza a Deus, mas se dirige a seu Filho com a simples frase da constatação ou com a densidade do silêncio. É a oração da presença, ativa ou contemplativa. A exemplo de Maria, nossa presença na festa ou na dor, na necessidade dos seres humanos, já é oração.

"Maria, porém, guardava todas estas coisas, meditando-as no seu coração" (Lc 2,19.51). Essa anotação de Lucas não nos fala diretamente da oração de Maria, mas sim de uma atitude constante dela: o discernimento contemplativo. Maria, nos diferentes momentos de sua vida, necessitará de uma profunda capacidade contemplativa para discernir a presença oculta de Deus na vida humana. É a capacidade de descobrir, refletir e assimilar a Palavra de Deus em nossa própria vida.

    Na escola de Maria nós também podemos avançar em nossa oração, pessoal e comunitária, que ganhará em disponibilidade e em reconhecimento agradecido, em sensibilidade pelos demais e em profundidade de discernimento. Na escola de Maria, nos manteremos abertos à Palavra de Deus e disponíveis a transformá-la em obra.

3 Querigma

Se nos conectarmos com alguma mídia, entraremos em contato com notícias desde as mais vulgares até as mais sérias. Normalmente são poucas as "good news", dificilmente se ouve falar que o preço de alguma coisa baixou, que se encontrou a cura para tal doença ou que o nível do desemprego diminuiu. Quando o telefone toca, logo pensamos: "Qual será a notícia que vou receber".

O resultado de uma prova escolar, ou de um teste para o emprego, ou de um exame de gravidez poderá ou não ser boa notícia. Carecemos dela, e costuma ser rara. Quando anunciamos a fé, acontece exatamente o contrário. A fé comporta o anúncio da salvação, da esperança que não engana, das promessas de Deus que já estão se cumprindo para aquele(a) que acredita.

Em Isaías, lemos: "Que beleza, pelas montanhas, os passos de quem traz boas-novas, daquele que traz a notícia da paz, que vem anunciar a felicidade, noticiar a salvação, dizendo a Sião: 'Teu Deus começou a reinar!'" (Is 52,7). Os passos do missionário que anuncia a salvação proporcionam a verdadeira alegria que resiste à decepção e ao sofrimento.

> "Deus revelou-se em palavras e obras ao longo de uma história de amizade com o homem, que culmina na Encarnação do Filho de Deus e no seu mistério de morte e ressurreição. Deus não apenas se revelou na história de um povo, não só falou através dos Profetas, mas atravessou seu Céu para entrar na terra dos homens como homem, para que pudéssemos encontrá-lo e ouvi-lo. E de Jerusalém o anúncio do Evangelho da salvação se difundiu até os confins da terra. A Igreja, nascida do lado aberto de Cristo, tornou-se portadora de uma nova sólida esperança: Jesus de Nazaré, crucificado e ressuscitado, salvador do mundo, que está sentado à direita do Pai e é o juiz dos vivos e dos mortos. Este é o Querigma, o anúncio central e impetuoso da fé."[1]

---

[1] BENTO XVI. *Catequeses sobre a fé*: a fé cristã, operante na caridade e forte na esperança, não limita, mas humaniza a vida. 17/10/2012.

No livro dos *Atos dos Apóstolos* (2,14-36; 3,12-26; 10,37-43; 13,16-47) e nas cartas de São Paulo (por exemplo: 1Cor 15,3-5), encontramos o primeiro anúncio que Pedro e Paulo dirigiram aos ouvintes em sua pregação. Esse anúncio fundamental da fé é chamado de querigma. Palavra originária do grego *kerissein*, que quer dizer: "proclamar, gritar, anunciar". Querigma significa pregão, proclamação ou anúncio, e de fato é sinônimo de Evangelho em seu sentido etimológico de boa notícia.

> O termo "evangelho" deriva do grego *euangélion* ("eu" significa "bom/boa" e *angélion* significa "notícia/mensagem"). Evangelho é, então, o "anúncio de um acontecimento bom e extraordinário" nos lábios de quem o transmite e para os ouvidos de quem o escuta.
>
> Os primeiros cristãos assumiram e utilizaram o termo *euangélion* para definir o "evento Jesus Cristo na sua totalidade". *Euangélion* é a mensagem salvífica, anunciada "oralmente" e tem seu início na vida e obra de Jesus, pois ele é a "Boa-Notícia" do Pai revelada aos homens. Assim, no início, a pregação da Igreja não dizia respeito a uma notícia deixada por escrito, mas era a transmissão da experiência que brotou da fé dos Apóstolos que conviveram com a pessoa e participaram das palavras e das obras de Jesus de Nazaré.
>
> O Novo Testamento (NT) conhece somente "o evangelho" e não o seu plural, "evangelhos". Evangelho é sempre uma única realidade. É uma Pessoa em sua vida e ministério: Jesus Cristo, morto e ressuscitado, anunciado e testemunhado aos homens (cf. Rm 1,1-7). "Por esse motivo, não há diferença entre crer no que Jesus *proclama* e *anuncia* e no que ele é, pois ele é a Palavra de Deus que se manifesta em seu *ser* e *agir*. Não se trata, apenas, de aderir às ideias de Jesus, mas à sua pessoa."[2]
>
> [...] *Euangélion* é uma pregação oral eficaz. É uma Palavra Viva, que deve ressoar no mundo de forma agradável e eloquente para quem a escuta. O principal objetivo dessa pregação é proporcionar o encontro do homem com a pessoa de Jesus Cristo, o Verbo feito carne (Jo 1,1-18), e provocar a adesão ao plano salvífico do Pai que nele se revela e por ele se realiza.[3]

Portanto, o anúncio querigmático feito pelos apóstolos é a primeira proclamação da Boa-Nova do acontecimento Jesus de Nazaré realizada na força do Espírito Santo e baseada no testemunho pessoal deles. Nos-

---

[2] CNBB. *Discípulos e servidores da Palavra de Deus na missão da Igreja*. São Paulo: Paulinas, 2012. n. 18. (Documentos CNBB 97).

[3] Transcrição de: FERNANDES, Leonardo Agostini. Introdução ao Evangelho segundo Marcos. In: FERNANDES, Leonardo Agostini; GRENZER, Matthias. *Evangelho segundo Marcos*: eleição, partilha e amor. São Paulo: Paulinas, 2012. pp. 8-9.11.

sa atitude convicta de alegria e confiança comunica esta boa notícia da salvação em Cristo Jesus como o bem maior considerado acima de todas as realidades deste mundo. O amor de Deus se manifestou de modo especial na pessoa e na ação de Jesus. Ele é "o Filho predileto" (Mc 12,6) enviado ao mundo para levar o seu amor e o perdão.

O caráter histórico-salvífico do anúncio da fé em Jesus Cristo contraria uma postura devocional calcada em pedidos e superação de problemas para desenvolver uma dinâmica mais propositiva. O anúncio do querigma quer promover o encontro com o Senhor e a partir daí despertar o seguimento do Mestre como Caminho para se ter a vida plena.

O anúncio demonstra a urgência da salvação no tempo de hoje e na vida pessoal de forma imperiosa; também estabelece o diálogo que argumenta, testemunha e espera a resposta de fé de quem ouve. O convite e a decisão da acolhida da fé tornam-se inadiáveis e intransferíveis. Tal interpelação faz parte integrante do conteúdo do querigma e o difere de outras maneiras de se aproximar da fé.

O querigma tem uma eficácia especial, pois se considera que a mesma proclamação do anúncio, acompanhada do testemunho de vida daquele que o proclama, traz consigo uma força que impacta o coração de cada ouvinte e o coloca diante da alternativa de abrir-se ou dar as costas à mensagem que está lhe propondo.[4]

Para quê

A finalidade do querigma consiste em ajudar o ouvinte a reconhecer em Jesus Cristo o Messias, o Filho de Deus, o Senhor, para que possa crer nele, decidir-se a tornar-se discípulo de Cristo e viver segundo a via traçada por ele e, dessa maneira, obter a vida Eterna.

Para quem

Ao dirigir-se à multidão dos jovens, o Papa Francisco diz-nos quem é o destinatário do querigma, referindo-se à expressão tão própria de seu

---

[4] CNBB. *Discípulos e servidores...*, n. 10.

pensamento: *as periferias existenciais*, que seriam as pessoas mais afastadas do alento da fé e da esperança cristã.

> Para onde Jesus nos manda? Não há fronteiras, não há limites: envia-nos para todas as pessoas. O Evangelho é para todos, e não apenas para alguns. Não é apenas para aqueles que parecem a nós mais próximos, mais abertos, mais acolhedores. É para todas as pessoas. Não tenham medo de ir e levar Cristo para todos os ambientes, até as periferias existenciais, incluindo quem parece mais distante, mais indiferente. O Senhor procura a todos, quer que todos sintam o calor da sua misericórdia e do seu amor.[5]

Em se tratando de adultos, o anúncio da fé contribuirá para que incorporem novos valores em sua vida. A fase adulta não se define como estado acabado e adquirido. Essa fase comporta, justamente, o protagonismo e o assumir a vida de fé como sujeito próprio de sua história, e não a mera ação de receptor de conteúdos e doutrinas. O adulto é visto como interlocutor e não mero destinatário passivo.

Por isso, as etapas evolutivas de seu processo de maturidade exigem novas respostas e novas adaptações diante dos bens descobertos pelo anúncio, mesmo encontrando uma forte separação entre a consciência moral do fiel adulto e aquilo que o magistério da Igreja apresenta.

É frequente encontrarmos adultos com fé muito difusa e com o sentido do sagrado à flor da pele, mas pouco evangelizados e menos ainda atraídos pela Igreja por conta das atuais questões em debate: papel da mulher na Igreja, uso de contraceptivos, segunda união, uniões homoafetivas... Constatamos um amplo leque de escolhas religiosas, motivadas pela teologia da prosperidade ou por outras expressões de fé. Também em muitos casos ainda predomina a indiferença religiosa.

De outra parte, percebemos fatores que favorecem o anúncio do querigma: aumenta o número de pessoas que querem conhecer melhor a fé; é maior a busca da Palavra de Deus; a mesma catequese tem priorizado os adultos como membros ativos da comunidade, dando-lhes maior atenção.

---

[5] Homilia da Missa para a XXVIII Jornada Mundial da Juventude. Rio de Janeiro, 28/07/2013. In: *Palavras do Papa Francisco no Brasil*. São Paulo: Paulinas, 2013. pp. 122-123.

Como

Estamos diante de uma nova situação que supõe gerar a primeira fé num adulto. A maioria dos agentes de pastoral não está habituada a um formato pastoral tão exposto como um diálogo, que a qualquer momento pode ser truncado pela negativa ou objeções do interlocutor. Nossos hábitos pastorais têm mais a ver com explicações em que o interlocutor escuta, pelo menos a parte central da exposição. A força de uma proposta de primeiro anúncio não está no poder de convencer intelectualmente, mas no fato de *motivar um primeiro interesse pela pessoa de Jesus Cristo*.

Ao anunciar há que saber dialogar, escutar, "sentir". Vamos evitar respostas prontas, mas buscar, junto com o outro, alguma luz para suas dúvidas, perguntas e problemas.

> As pessoas, hoje, ciosas de sua liberdade e autonomia, querem se convencer pessoalmente. Desejam discutir, refletir, avaliar, ponderar os argumentos a favor e contra determinada visão, doutrina ou norma. Devemos ter consciência de que, mesmo em se tratando da Boa-Nova, não se pode impô-la.
>
> Há que deixar espaço para as pessoas expressarem seu próprio modo de pensar, expor dúvidas e testemunhos pessoais.[6]

Não nos esqueçamos de valorizar as opiniões, experiências de vida, modos diferentes de entender a Palavra, sem querer impor uma forma única de compreender a doutrina ou a moral da Igreja. A atitude de diálogo e acolhida de opiniões garante a aceitação delas em seu estágio de reflexão e amadurecimento e lhes permitirá novos confrontos com a mensagem evangélica e eclesial.

A pedagogia evangélica consiste na persuasão do interlocutor pelo testemunho de vida e por uma argumentação sincera e rigorosa, que estimula a busca da verdade. A ressonância da Palavra na vida constitui o sinal mais eloquente de que a mensagem evangélica faz o seu caminho de conversão.

Nunca assumir atitude de "professor", aquele que sabe dar uma resposta simples e fácil. Por outro lado, é necessário que tenhamos uma rica experiência para partilhar. Tudo depende de como isso é colocado em comum. E não se pode esquecer de que ambas as partes têm riquezas a partilhar. É um mútuo crescimento que pode criar grandes laços de fraternidade.

---

[6] CNBB. *Diretrizes gerais – 2011-2015*, n. 88.

Quando

Qual é o tempo e o espaço do primeiro anúncio? É "sempre e em todo lugar". Isto é, onde quer que haja um cristão disposto a dar testemunho com ações e palavras, pode surgir uma ocasião para um primeiro anúncio. É oportuno insistir: na casa, na rua, no centro de estudos, no trabalho, entre os amigos, em situações de doença e dor, bem como em celebrações e festa; por suposto, em qualquer âmbito da atividade de uma paróquia, colégio religioso, de uma associação ou movimento cristão; no meio do compromisso social em prol da justiça; e, em outro nível, em qualquer modalidade dos meios de comunicação.

4 Conteúdo do querigma

> Eis o primeiro elemento do querigma: sentir-se acolhido pela ternura do abraço do Pai que supera qualquer barreira erguida pelo sofrimento e vence toda distância do preconceito ou discriminação. Deus nos ama. Deus é amor. O coração do mistério de Deus nos foi revelado por Jesus, aquele que veio do Pai. Tal convicção de fé nos fortalece nas situações mais desesperadoras que a vida nos reservar.

Neste capítulo, a preocupação não é a de aprofundar e de especificar detalhadamente os aspectos doutrinais de Cristo e da revelação, mas muito mais de entrar pessoalmente nessa relação de fé e na perspectiva da revelação de Deus para nós.

Em João 3,16-17 encontramos a demonstração da amplitude do amor divino dedicado à humanidade: "Deus amou tanto o mundo que deu o seu Filho único, para que todo o que nele crer não pereça, mas tenha a vida eterna. Pois Deus enviou o seu Filho ao mundo, não para condenar o mundo, mas para que o mundo seja salvo por ele".

Toda a nossa fé é uma revelação da bondade, da misericórdia, do amor de Deus por nós. "Deus é amor" (Jo 4,16), isto é, amor que se difunde e se entrega. O dom que o Pai nos oferece em Cristo é o amor mais real que se possa imaginar, pois se trata da pessoa do Filho de Deus feito carne. O amor de Deus se manifesta plenamente à humanidade de forma pessoal e faz da vida e da morte de Jesus a grande revelação desse amor.

Jesus é o enviado do Pai por excelência, pois armou sua tenda no meio de nós (Jo 1,14) para dar testemunho permanente do amor do Pai. Jesus chamava o Pai de *Abbá*, expressão que denota uma relação de familiaridade e de confiança, e pode ser traduzida como "paizinho".

Por isso, os Apóstolos se convencem de que Jesus saiu do Pai e acreditaram que ele o enviou (Jo 17,7-8). Por essa perfeita consonância de Jesus com a vontade e o projeto do Pai, ele pode concluir sua vida exclamando: "Eu te glorifiquei na terra, completei a obra que me deste para fazer" (Jo 17,4).

Jesus é realmente "um" com o Pai, numa unidade de vida, de vontade e de ação: o Pai se revela como a fonte do ser e do agir de Jesus. Mateus 11,27 relata essa afirmação decidida de Jesus: "Tudo me foi entregue por meu Pai, e ninguém conhece o Filho, senão o Pai, e ninguém conhece o Pai, senão o Filho e aquele a quem o Filho o quiser revelar". É o testemunho de uma unidade absolutamente especial, de um conhecimento pleno e imediato: Jesus é o enviado, e o próprio Jesus indica o Pai como a fonte e a origem da sua missão: "Como o Pai me enviou [...]" (Jo 20,21). Finalmente, a "oração sacerdotal" testemunha essa consciência de Jesus: tudo é do Pai e tudo a ele pertence (Jo 17,4).[1]

Em Lucas 2,1-20, presenciamos o mistério do Emanuel, que quer dizer: o Deus-conosco, o Deus que se tornou nosso irmão, o Deus que não ficou na casca da humanidade, mas mergulhou em nossa realidade com as suas fragilidades, exceto o pecado. Sim, o Deus Transcendente se apequenou, rebaixou-se. E tudo isso aconteceu porque Deus, movido por imenso amor, quis sorrir-nos no rosto de uma criança e entrar em estreita comunhão conosco. Deus outrora nos tinha falado por intermédio dos Profetas; agora em Belém falou-nos em seu Filho Jesus; em nosso favor, foi armada uma ponte direta entre Deus e a humanidade: o Verbo Eterno, a Palavra Eterna se fez carne no meio de nós e iniciou a sua difusão de mensagens de vida.

Do Natal de Jesus, portanto, emanam ensinamentos de amor divino que nos envolvem e fluidos da fraternidade, partilha e intensa solidariedade entre nós. Na verdade, como diz o Apóstolo Paulo na Carta a Tito 3,4: "Mas quando se manifestou a bondade de Deus, nosso Salvador, e o seu amor pela humanidade, ele nos salvou". Assim, não podemos ser inimigos, uns contra outros, mas vamos nos enveredar por caminhos de compreensão, de mútua ajuda e respeito.

Jesus Cristo constitui o cumprimento das profecias do Antigo Testamento. Tudo passa a ter sentido quando Deus em pessoa vem nos visitar. A encarnação de Jesus Cristo é a revelação definitiva do grande mistério – da decisão inabalável do Pai de salvar o mundo em seu Filho Jesus.

> Ele (o Pai) nos fez conhecer o mistério de sua vontade, segundo o plano benevolente que formou desde sempre em Cristo, para realizá-lo na plenitude dos

---

[1] Cf. FRISULLO, Vicente. *As imagens de Jesus*: leitura a partir dos manuais de Confirmação do Brasil. São Paulo: Paulinas, 2012. pp. 63-94.

tempos: reencabeçar tudo em Cristo. Em Cristo fomos feitos seus herdeiros. Nele recebemos a marca do Espírito Santo prometido, que é a garantia da nossa herança (Ef 1,9-11b.13b-14a).

Esse mistério nos foi revelado porque se dá a integração de tudo num só corpo cuja cabeça é Cristo. Todos nós alcançamos a salvação, não por mérito próprio, mas porque fomos predestinados. Tomamos parte dessa obra de integração em Cristo. Essa é a nossa herança: ser filhos no Filho. Diferente da herança do antigo Israel que era a terra. Ele é a Cabeça, o Princípio de tudo. Cristo derrama seu Espírito atrai tudo para si: a humanidade, a natureza e todo o universo. Temos, portanto, um lugar privilegiado no universo integrado em Cristo. Tudo procede do Pai e tudo volta ao Pai.

A recapitulação do universo em Cristo significa que no grande desígnio da criação e da história Cristo permanece como o centro de todo o caminho do mundo, a espinha dorsal de tudo, que atrai para si toda a realidade, para superar a dispersão e o limite e conduzir tudo à plenitude desejada por Deus (cf. Ef 1,23).

O amor do Pai

O amor de Deus é sempre o ponto inicial: ele não nos ama porque somos bons; nos ama porque ele é bom e é próprio do amor expandir-se por meio das pessoas amadas. Nosso amor por Deus e pelo próximo é uma resposta a esse amor. Aprendemos a conhecer o amor do Pai a partir da intimidade com que o Filho se comunicou com ele.

O relacionamento amoroso de Jesus com o Pai é comprovado a cada passo do Evangelho. Primeiramente, porque ele o experimentou e o estendeu a todos os que o seguiram. Disse Jesus: "Eu e o Pai somos um", assim, ele se torna o revelador do amor do Pai. Jesus mostrou que Deus está presente no mundo como um Pai que nos ama, é misericordioso, próximo e acolhedor.

A demonstração mais clara desse amor divino encontramos na parábola do pai misericordioso (Lc 15,11-32), na qual brilha luminosa a vontade de Deus Pai de querer salvar a todos, envolvendo os pecadores mais afastados e arrependidos no seu abraço carinhoso de reconciliação e de perdão. Destaca a alegria da recuperação do que estava perdido. Aquele jovem, tendo exigido a sua parte da herança, fugiu do lar para longe, para um país distante, onde gastou todos os seus bens, toda a sua riqueza, vivendo dissolutamente e, a seguir, caindo na miséria mais lastimável e na fome mais cruel. Para sua maior desgraça, sobrevieram na região a carestia e a recessão. Queria trabalhar, mas não encontrava emprego. O que finalmente pôde encontrar foi a tarefa degradante de guardião de porcos, emprego sobre o qual pesava uma maldição da lei mosaica.

Atirado na profundeza daquela miséria, uma luz raiou no fundo de seu coração: lembrou-se da figura do pai bondoso e da fartura que lá, na casa paterna, havia até para os empregados. Então, num ímpeto de arrependimento, decidiu voltar atrás e dizer: "Pai, pequei contra o Céu e contra ti; já não sou digno de ser chamado teu filho. Trata-me como um de teus empregados" (Lc 15,18-19).

O Pai já o estava esperando, pois seu coração não podia aceitar a separação do filho e certamente olhava todos os dias para a última curva do caminho, para ver se levantava alguma poeira que lhe pudesse fazer adivinhar que era o filho que estava voltando. E quando o filho chegou, nem lhe deu tempo de se prostrar e de lhe dizer as palavras que tinha planejado. Ele, o pai, em primeiro lugar, o abraçou e o cobriu de beijos. E quando o filho se apressava a dizer que não era mais digno de ser chamado de seu filho, a resposta do Pai foi a de mandar que os servos trouxessem a melhor túnica, o anel brilhante e as sandálias confortáveis para os pés cansados. Assim, novamente o filho estava recomposto na dignidade primitiva, e a pecaminosa vida anterior fora completamente esquecida e apagada. E o Pai mandou também que os servos matassem o novilho cevado e se iniciasse uma grande festa, porque "o filho estava morto e tornara a viver; estava perdido e fora reencontrado" (Lc 15,24).

Jesus é apresentado como o sacramento do Pai, a imagem perfeita, o verdadeiro rosto dele, a resposta que ele tem para dar à humanidade, a surpresa do seu amor. No cumprimento de sua missão de revelador do Pai, Jesus aparece como um pedagogo que, por sua palavra e suas ações, educa à descoberta e ao encontro do Pai que nele se manifesta, pois quando Jesus perdoa, acolhe, é o Pai que perdoa e acolhe.

Jesus é o portador e revelador desse amor incomensurável do Pai! Ele é o bom pastor que dá a sua vida pelas ovelhas, chama cada uma pelo nome, busca-as nos desfiladeiros e precipícios e depois as leva em seus ombros para curá-las.

Encontro com o Senhor

> É determinante encontrar-se com a pessoa de Jesus Cristo e conhecer a proposta totalmente nova que o Filho de Deus trouxe ao mundo.

"A vida é a arte dos encontros embora haja tantos desencontros" (Vinicius de Moraes). Em cada encontro surge o inesperado, juntam-se mundos diferentes e se desencadeiam outros rumos na existência de cada um. Um encontro pode ser determinante, um verdadeiro divisor de águas entre o antes e o depois. Quantas histórias de amor foram assim: no baile, houve o convite para dançar e, depois daquela música, o casal pode dizer que continua dançando há trinta e cinco anos, agora com filhos e netos.

Há que se dispor a deixar de lado as falsas seguranças, acolher a novidade e optar por aquilo que se julga ser mais justo e melhor.

Se no capítulo anterior nos referíamos à experiência de Deus a partir de situações da vida, algumas até situadas no limite de nossa condição humana, agora se trata de nos encontrar com uma pessoa. Deixar que ele nos fale, nos envolva com sua graça e, sobretudo, aceite nosso desamparo e solidão. *Cristo nos aceita incondicionalmente e só ele é capaz de penetrar no santuário de nossa consciência, ouvir nosso coração e conhecer nossos verdadeiros sentimentos e desejos. A radical acolhida que o Senhor dá para nós estabelece um diálogo de confiança, amizade e crescimento.*

E como afirmou o Papa Bento XVI:

> Esse não é o encontro com uma ideia ou um projeto de vida, mas com uma Pessoa viva que transforma profundamente a nós mesmos, revelando a nossa verdadeira identidade de filhos de Deus. O encontro com Cristo renova nossas relações humanas, orientando-as, dia a dia, a uma maior solidariedade e fraternidade, na lógica do amor.[2]

Inicia-se, então, o diálogo de fé com Aquele que, sendo Deus, assumiu a natureza humana com todas as suas fragilidades.

> A fé é um encontro com Deus, que fala e que age na história e que converte a nossa vida diária, transformando a nossa mente, os nossos juízos de valor, as nossas escolhas e as nossas ações concretas.[3]

Ter fé significa entrar na órbita da revelação do projeto de Deus, levado a efeito por seu Filho Jesus Cristo. Ele redimiu o mal que pesava sobre nós e confere um novo destino para todo aquele(a) que se dispor a segui-Lo.

O encontro com Jesus Cristo é acolhimento da graça do Pai que, pela força do Espírito, revela o Salvador que atua no coração de cada pessoa, possibilitando-lhe uma resposta de adesão. Trata-se do "encontro com o Mestre, que volta gloriosamente à vida depois de ter sido crucificado e morto". Ele é o vencedor de toda decepção e limitação humanas

---

[2] *Catequeses sobre a fé*: a fé cristã, operante na caridade e forte na esperança, não limita, mas humaniza a vida. 17/10/2012; cf. também: Encíclica *Deus caritas est*, n. 1.

[3] BENTO XVI. *O Ano da Fé: os caminhos para chegar ao conhecimento de Deus*. Audiência Geral. 14/11/2012.

e, ao nos unirmos a ele, também encontramos a superação para os nossos sofrimentos.

> A linguagem do querigma, portanto, há de expressar a novidade de um encontro que transforma e dá sentido à existência dos discípulos missionários. Assim, o evangelizador está permanentemente diante do desafio e da exigência de encontrar uma linguagem que, no estilo dos primeiros discípulos, interpele o ouvinte em seu coração, o entusiasme e o atraia a uma adesão firme e apaixonada a Jesus Cristo.[4]

A culminação do diálogo de primeiro anúncio é o convite para entrar em contato direto com Jesus. Trata-se de estabelecer uma amizade com Jesus, dirigindo-se espontaneamente a ele.

> O encontro com Jesus Cristo suscita uma profunda experiência de fé, que confere aos discípulos uma insuperável inteligência da verdade e do amor de Deus. Uma compreensão nova ilumina suas vidas e os insere no coração amoroso de Jesus redentor.[5]

A missão e o destino de Jesus

Naquela época, o povo de Israel vivia a expectativa da vinda do Messias que implantasse a justiça. Um Messias forte e poderoso, capaz de livrá-lo dos romanos e de outros povos que dominavam a Palestina, gerando pobreza e miséria entre o povo. O nascimento de Jesus cumpriu essa profecia, mas ele não veio como um Messias poderoso e cheio de fama. Ele inaugurou um Reino que ultrapassou os poderios deste mundo, estabelecendo uma nova forma de as pessoas se relacionarem. "Jesus nasceu na humildade de um estábulo, em uma família pobre, as primeiras testemunhas são simples pastores. É nesta pobreza que se manifesta a Glória do Céu."[6]

No Evangelho de Marcos, o Reino é inaugurado como Boa-Nova proclamada por Jesus Cristo. Depois que João foi preso, veio Jesus para a

---

[4] CNBB. *Anúncio querigmático e evangelização fundamental*. Brasília: Edições CNBB, 2009. n. 9. (Subsídios doutrinais 4).
[5] Ibid., n. 61.
[6] *Catecismo da Igreja Católica*, n. 525.

Galileia proclamando o Evangelho de Deus: "Cumpriu-se o tempo e o Reino de Deus está próximo. Arrependei-vos e crede no Evangelho" (Mc 1,14-15).

João Batista também viveu a esperança da chegada do messias e, com suas pregações, ajudava o povo a não desanimar, pois a salvação estava próxima. João anunciava dizendo: "Vem o mais forte que eu atrás de mim, de quem não sou digno de, abaixando-me, desatar o laço de suas sandálias" (Mc 1,7), e batizava com água todo aquele que queria mudar de vida.

Quando chegou o momento, Jesus deixou Nazaré, na Galileia, e foi encontrar-se com João (cf. Mt 3,13-17). Jesus enfileira-se atrás dos pecadores, ao longo das margens do rio Jordão, carregado de nossas iniquidades, e se deixa ser batizado por João Batista. Eram os nossos pecados que ele carregava. Por isso, o apóstolo Paulo chega a dizer: "Aquele que não conhecia pecado, Deus o fez pecado" (2Cor 5,21).

Então, vergando-se sob o peso de nossas transgressões, Jesus afunda nas águas do rio Jordão. Ali, todos nós fomos antecipadamente e em raiz purificados, lavados de nossas iniquidades, e emergimos das águas como filhos de Deus, alvos da predileção de Deus.

Naquele instante, os Céus se abrem e o Espírito Santo em forma de pomba paira sobre Jesus e ouve-se uma voz forte: "Tu és o meu Filho Amado. Em ti encontro o meu agrado". É a plena manifestação do Pai, pelo Espírito, consagrando o Filho para sua missão. O Batismo de Jesus revela que ele é o ungido do Pai pelo Espírito com a missão de salvar o mundo como servo da humanidade. Jesus inaugura o Reino de Deus, dá preferência aos pobres e oprimidos e cumpre, assim, a vontade do Pai.

Jesus Cristo é colocado na sequência da missão de João Batista, profeta da passagem do Primeiro para o Segundo Testamento. Mas há uma novidade radical que se denomina "Evangelho" (de Deus e sobre Deus): é o Reino. Jesus Cristo, por meio de sua palavra, realiza o Reino porque sua pessoa é a própria Palavra eterna do Pai entre nós (cf. Jo 1,1). Essa Palavra, agora encarnada na história na pessoa de Jesus Cristo, é o meio concreto da chegada do Reino.

O Reino, colocado ao alcance do ser humano por meio de Jesus Cristo, implica "arrependimento" ou "conversão", que nesse contexto significa mudança pessoal e comunitária de tudo que não combina com sua proposta. É a retomada da construção da vida pessoal e social no horizonte do Reino. E a mudança significa adesão e compromisso com o novo que irrompe com a proclamação do Evangelho de Deus. "Todos os homens são chamados a entrar no Reino. Para ter acesso a ele, é preciso acolher a palavra de Jesus."[7]

Jesus percorre toda a Galileia "ensinando em suas sinagogas, pregando o Evangelho do Reino e curando toda e qualquer doença ou enfermidade do povo" (Mt 4,23). Jesus, o Mestre por excelência do Reino, prega não com um ensinamento teórico, mas com a vida. Seu ensinamento promove a vida à medida que promove a dignidade das pessoas.

No tempo de Jesus, as pessoas doentes eram tidas como amaldiçoadas por Deus por causa de seu pecado; os pobres também eram vistos como pessoas privadas da graça de Deus. Ambos, doentes e pobres, eram colocados à margem da sociedade.

A chegada do Reino de Deus supera todo tipo de exclusão por meio da mediação dos gestos e palavras de Jesus Cristo. Os pobres passam a ser vistos como os preferidos de Deus. João Batista envia seus discípulos a Jesus para perguntarem se ele é o Messias que há de vir. Jesus responde mostrando a sua prática: "Ide contar a João o que estais ouvindo e vendo: cegos recuperam a vista, paralíticos andam, leprosos são curados, surdos ouvem, mortos ressuscitam e aos pobres se anuncia a Boa-nova" (Mt 11,4-5).

Jesus cumpre as profecias. Os sinais que realiza comprovam que ele é o Messias e que o Reino de Deus se realiza em sua pessoa (também cf. Is 61,1-2, Lc 4,16-27). Os gestos de Jesus são proféticos por indicarem a necessidade da mudança de tudo aquilo que não corresponde ao desígnio do Pai. Por isso, ele ensina com autoridade, porque não existe distância entre o que Jesus diz e o que ele faz.

> "Jesus na sua unicidade fala de seu Pai – Abbá – e do Reino de Deus, com o olhar cheio de compaixão pelos inconvenientes e dificuldades da existência humana. Fala com grande realismo e, diria, o essencial do anúncio de Jesus é que torna transparente o mundo e a nossa vida tem valor para Deus. Jesus demonstra que no mundo e na criação transparece o rosto de Deus e mostra-

---

[7] Cf. *Catecismo da Igreja Católica*, n. 543; cf. também os nn. 541-556.

-nos que Deus está presente nas histórias cotidianas da nossa vida. Quer nas parábolas da natureza, o grão de mostarda, o campo com diversas sementes, quer na nossa vida, pensamos na parábola do filho pródigo, de Lázaro e noutras parábolas de Jesus. Dos Evangelhos nós vemos como Jesus se interessa por cada situação humana que ele encontra, se imerge na realidade dos homens e das mulheres do seu tempo, com uma confiança plena na ajuda do Pai. E que realmente nesta história, de modo escondido, Deus está presente e, se prestarmos atenção, podemos encontrá-lo. E os discípulos que vivem com Jesus, as multidões que o encontram, veem a sua reação aos problemas mais diversos, veem como ele fala, como se comporta; veem nele a obra do Espírito Santo, a ação de Deus. Nele anúncio e vida entrelaçam-se: Jesus age e ensina, começando sempre a partir de uma relação íntima com Deus Pai."[8]

Bem-aventuranças

Todo ser humano anseia ser feliz. Vive buscando a felicidade, porque deseja encontrar-se consigo mesmo. As bem-aventuranças indicam-nos o caminho da verdadeira realização humana. São o eixo da pregação de Jesus, caracterizam a autêntica vida cristã e desvendam ao ser humano o fim último do seu agir: a bem-aventurança eterna.[9]

O caminho de vida de Jesus contraria frontalmente os ideais de sucesso e de felicidade apregoados pelo mundo, que são "corroídos pela traça e pelo caruncho" (Mt 6,19). A lei do mundo valoriza a grandeza, o poder, a fama e exclui o pobre. Os ricos e os poderosos são exaltados, por isso, na maioria das vezes, suas obras trazem o selo da ganância, da vaidade e da soberba, fruto do pecado.

Jesus não exclui ninguém do banquete da vida, segue a lógica da inclusão, privilegiando as relações humanas de justiça, de valorização da pessoa, de serviço e doação ao outro, que é considerado irmão e não concorrente. Por isso são bem-aventurados os pobres, porque deles é o Reino de Deus, ou aqueles que agora têm fome, porque serão saciados (Lc 6,20.21a).

---

[8] BENTO XVI. *O Ano da fé: como falar de Deus?* Audiência Geral. 28/11/2012.
[9] Cf. *Compêndio do Catecismo da Igreja Católica*, n. 359.

As atitudes de Jesus favorecem os mais pobres e exigem mudanças na maneira de organizar a sociedade. Ele tem consciência de que as novas relações estabelecidas pelo Reino propõem um novo modelo de sociedade, mais igualitária, fraterna e solidária. Sabe que isso desperta o rancor e a perseguição das autoridades políticas e religiosas que não querem mudanças.

Daí, a grande bem-aventurança que resume as demais: "Bem-aventurados os que são perseguidos por causa da justiça, porque deles é o Reino dos Céus" (Mt 5,10). O confronto com as autoridades, motivado pelas atitudes de Jesus em favor dos deserdados deste mundo, o levará a morrer na cruz.

O Deus crucificado

Jesus não hesitou em defender os oprimidos. Condenava o poder e a riqueza construídos à custa da opressão, assim como as desigualdades sociais, as discriminações, as leis injustas que favoreciam apenas uma pequena parcela da sociedade.

Ao longo de sua vida missionária, Jesus quebrou estruturas para restituir a dignidade dos filhos de Deus: "O ladrão vem só para roubar, matar e destruir. Eu vim para que tenham vida e a tenham em abundância" (Jo 10,10). Perdoou os pecadores e curou os doentes numa sociedade em que as pessoas que sofriam eram discriminadas e excluídas por serem consideradas pecadoras.

Não aceitou a hipocrisia e o uso da religião em proveito próprio. Para Jesus, as observâncias religiosas deviam ajudar o ser humano, e não escravizá-lo; por isso, curava no sábado (considerado dia sagrado para os judeus). E afirmou: "O sábado foi feito para o homem, e não o homem para o sábado" (Mc 2,27).

Jesus é identificado com o servo sofredor que traz a salvação (cf. Is 40–55). Jesus realiza a vontade do Pai de salvar a humanidade, não pelo caminho da fama, mas como Messias que ama (como na parábola do Filho pródigo [Lc 15,11-32], ou do Bom samaritano [Lc 10,25-37], ou no episódio do Lava-pés [Jo 13,1-17]).

Os ensinamentos de Jesus abalaram algumas verdades absolutas para Israel. Afasta de si as tentações do poder, da fama e do bem viver (Lc 4,1-13). A centralidade do Templo de Jerusalém como lugar santo em que Deus habita de forma privilegiada: Jesus fala em destruir o templo e reerguê-lo, expulsa os vendilhões e tira essa restrição da presença de Deus a um local. Jesus é o Filho de Deus, chama-o de Pai: *Abba*, por isso é considerado um blasfemo.

Tais atitudes geravam confronto com as tradições e a sociedade da época. Ele é um homem livre, mas indefeso. Suas atitudes não são aceitas nas concepções israelitas como um rabino ou como um profeta. Sua cruz não é compreensível sem esse conflito com a Lei, com seus representantes que levam as autoridades religiosas a atiçarem o povo para exigir sua morte. Após ser traído, foi entregue aos tribunais do Império e do Sinédrio.

Durante os interrogatórios, Jesus se mostra soberano, com amplas respostas sobre sua realeza celeste. Depois de flagelado, Pilatos o apresenta ao povo com a frase: "Eis o Homem" (Jo 19,5), como a dizer, aqui está concentrada a imagem de todo o ser humano, que Jesus personificava.

A caminho do Calvário, Jesus carrega a própria cruz e recebe somente a ajuda de Simão Cireneu. Na cruz, entrega o discípulo à mãe e a mãe ao discípulo. Seu derradeiro suspiro revela a consciência de quem cumpriu uma missão: "Tudo está consumado" (Jo 19,30). O sofrimento de Jesus, em nosso lugar, foi por ele aceito consciente e amorosamente. Ele deu a vida por nós, para que nós a tivéssemos em abundância.

Sua morte é Páscoa, mostra a intervenção do Pai que salva a humanidade pelo amor do seu Filho levado às últimas consequências. Jesus entende sua vida e sua missão como serviço de amor à humanidade. Ele se doa inteiramente. "Antes da festa da Páscoa, sabendo Jesus que chegara a sua hora de passar deste mundo para o Pai, tendo amado os seus que estavam no mundo, *amou-os até o fim*" (Jo 13,1).

No hino da Carta aos Filipenses 2,6-11, São Paulo apresenta numa admirável síntese essa opção assumida por Jesus: "Ele tinha a condição divina, mas não se apegou ao ser igual a Deus, mas despojou-se, assumindo a forma de escravo e tornando-se semelhante ao ser humano".

> Ele abriu mão de qualquer privilégio, "apagando" os sinais da sua condição divina e mergulhando na humilhação, morrendo na cruz como um criminoso. Jesus renuncia ao uso dos sinais que manifestam sua natureza divina e aos benefícios que dela derivam, esvaziando-se a si mesmo. Renunciou à natureza de Deus para assumir a natureza de servo. Cristo, rei do universo, do alto da cruz, é aquele que sabe que a única maneira de dar glória a Deus é descendo ao último lugar para servir. Na cruz, quando perde, Jesus triunfa no momento em que doa a própria vida. Realidade essa frequentemente presente na cate-

quese de São Paulo: "[...] de rico que era, tornou-se pobre" (2Cor 8,9), "Deus enviou seu Filho numa condição semelhante à do pecado" (cf. Rm 8,3).[10]

O Novo Testamento apresenta a cruz de Cristo como o sinal de um mistério que revela até onde chega o amor de Deus pela humanidade. Sobre a cruz Deus se revela salvador, em plena experiência de sofrimento e de morte. Um Deus difícil de ser reconhecido, um Deus desfigurado. Diante desse amor incomensurável, os cristãos passam a enxergar na cruz o símbolo máximo de doação e entrega para o outro. Contrariamente ao que se pode pensar, na cruz de Cristo, o amor de Deus se revela em plenitude. Por isso, torna-se um sinal de salvação e de fascínio para aquele que realmente ama e encontra na cruz o sentido para o seu sofrimento.

"O amor de Cristo nos impele" (2Cor 5,14). Em outras palavras: Esse amor nos pressiona, nos compele, nos estimula a amar, dando origem a gestos de doação para com amigos e conhecidos, para com desconhecidos e necessitados. Nós amamos com o amor que Cristo coloca em nosso coração, pois "Ele me amou e se entregou por mim" (Gl 2,20). Ao seguir Jesus descobrimos que é o rosto de Cristo que está presente no rosto de cada pessoa.

[10] FRISULLO, Vicente. *As imagens de Jesus*, pp. 83-84.

Assumir a cruz de Jesus

Em Mc 8,34-38 ("Se alguém quiser vir após mim, negue-se a si mesmo, tome a sua cruz e siga-me), a multidão aparece unida aos discípulos quando se trata de percorrer o caminho da cruz como seguimento de Jesus Cristo. A via da cruz não está destinada tão somente para alguns poucos, mas sim para todas as pessoas que queiram seguir de fato Jesus Cristo. O seguimento exige a renúncia dos interesses pessoais que não estejam sintonizados com o projeto do Reino. Tomar a cruz e seguir o caminho do Mestre é enveredar pelo caminho do serviço, na doação total até a entrega da própria vida motivada pelo amor, a exemplo do Mestre.

Ele mesmo quando chama seus discípulos deixa claras as dificuldades para assumir a cruz. Previne sobre as perseguições por causa de seu Nome (cf. Mt 10,17-20), sobre os medos que os apóstolos irão passar (cf. Mt 10,26-33), sobre a renúncia da própria casa, "pois o Filho do Homem não tem onde reclinar sua cabeça" (Mt 8,20). Os próprios discípulos se sentiram obrigados a rever suas esperanças sobre Jesus, passando da expectativa do Messias glorioso ao Messias sofredor.

Não entregar a vida a serviço do Reino e de seus riscos pensando em salvá-la é um equívoco. Quem procede assim no fundo acaba perdendo a vida por preguiça, omissão ou indiferença. Mas quem não reserva a vida para si e a coloca a serviço do Reino na caridade, ainda que a perca ao entregá-la, a exemplo de Jesus Cristo, na verdade estará salvando-a. Sendo a vida o maior dom de Deus, se for colocada a serviço do Reino, jamais poderá ser perdida.

Esse assumir a cruz aparece quando a vida propõe alguns enfrentamentos: a gravidez de risco para a criança ou para a mãe; o nascimento de uma criança com algum tipo de deficiência; a descoberta de uma doença grave; o acidente que deixa vítimas, com paralisia ou perda de algum membro do corpo; os pais que lutam para tirar seu filho do vício; o cuidado de um ente querido que se encontra acamado; o desemprego que leva a não ter o que comer em casa; a separação ou a morte do marido ou da esposa, namorado(a), filho(a).

A glória não consiste em levar uma vida de plena paz, saúde, sem problemas, muita fartura, bens, poder e dinheiro. No fundo da própria vida, está a morte que nos leva à vida nova e à glória definitiva. Seguir Cristo não significa se colocar numa redoma de vidro, na esperança de uma proteção maior de que nada irá acontecer. Pelo contrário, é aprender a viver com riscos, desafios, limites e buscar um sentido novo que só se encontra quando vivido "por Cristo, com Cristo e em Cristo".

Conhecer a pessoa de Jesus implica aderir a seu modo de viver, à sua missão e ao seu destino de Filho único redentor da humanidade.

A esperança do Ressuscitado

> "A comunicação da fé deve sempre ter uma totalidade de alegria. É a alegria pascal, que não silencia ou esconde a realidade da dor, do sofrimento, do cansaço, da dificuldade, da incompreensão e da própria morte, mas sabe oferecer os critérios para interpretar tudo na perspectiva da esperança cristã."[11]

Na Sexta-Feira Santa Jesus foi sepultado às pressas. Ele morreu ao entardecer. Ao chegar a noite, o povo judaico celebrava a sua Páscoa. Por isso não podiam permanecer insepultos os cadáveres, dependurados no madeiro do suplício. Então, os piedosos José de Arimateia e Nicodemos se apressaram em pedir a Pilatos que lhes concedesse a permissão de sepultar o corpo de Jesus. Jesus foi retirado da cruz na presença das piedosas mulheres, que embalsamaram apressada e inacabadamente o corpo de Jesus. Ao raiar do domingo, as mulheres foram solícitas e velozes ao sepulcro para completar a embalsamação do corpo de Jesus. Perturbadas e perplexas por não encontrarem o corpo de Jesus, depararam-se com dois anjos com veste fulgurante, que lhes disseram: "Por que procurais entre os mortos Aquele que está vivo? Ele não está aqui; ressuscitou! Lembrem-se de como ele falou, quando ainda estava na Galileia: 'O Filho do Homem deve ser entregue nas mãos dos pecadores, ser crucificado e ressuscitar no terceiro dia'" (Lc 24,5-7). Elas, partindo rápidas do túmulo, com grande alegria correram a anunciar a ressurreição aos apóstolos. E eis que, perfazendo as mulheres o caminho do retorno, Jesus de repente veio ao seu encontro e lhes disse: "Alegrai-vos". As mulheres se aproximaram e se ajoelharam diante dele, abraçando seus pés.

---

[11] BENTO XVI. *O Ano da Fé: como falar de Deus?* Audiência Geral. 28/11/2012.

Então Jesus disse a elas: "Não tenham medo. Vão anunciar aos meus irmãos que se dirijam para a Galileia. Lá eles me verão" (Mt 28,9-10).

As piedosas mulheres ficaram sobremaneira contentes, porque experimentaram a Cristo Ressuscitado; elas que tinham sofrido, chorado e pranteado os sofrimentos e a morte sangrenta de Jesus; elas que tinham sido fiéis na dor, enquanto os apóstolos tinham fugido amedrontados nos momentos cruciantes da Paixão. Por isso essas mulheres foram premiadas com a visão gratificante do corpo ressuscitado do mestre.

A Ressurreição é o cume do caminho feito por Jesus Cristo, é o mistério por excelência que serve como critério para entender sua encarnação (o divino humanizado e o humano divinizado), sua vida (seus gestos e palavras), sua paixão (tudo aquilo que diz respeito a seu sofrimento) e sua crucifixão (morte violenta na cruz).

Os seguidores de Jesus Cristo, partindo da Ressurreição e olhando, de forma retroativa, para aquilo que ele fez e pregou, começam a compreender o mistério de sua pessoa. A Ressurreição ilumina e dá sentido ao presente, pois a luz do Ressuscitado dissipa as dúvidas e incertezas da morte e a sensação de que tudo está perdido ou de que a crucifixão foi o fim de tudo. Mas a Ressurreição projeta luz também sobre o futuro, pois o Ressuscitado inaugura um tempo novo, de esperança em um mundo mais de acordo com os desígnios de Deus-Pai.

> A preocupação principal dos apóstolos "não era a de anunciar que Jesus Cristo havia morrido, mas que ressuscitara e, portanto, estava vivo! Eles estavam convictos de que essa era a verdade mais importante que tinham para transmitir ao mundo.
>
> Há documentos históricos que comprovam a existência de Jesus de Nazaré na Palestina e sua crucifixão em Jerusalém. Mas em que nos baseamos para afirmar que ele ressuscitou dos mortos? Em dados científicos? Certamente, não! Por mais importante que seja a ciência, ela não serve para comprovações no campo da fé. A fé é um dom e um mistério: nós a recebemos por graça divina e a razão humana não é capaz de demonstrar ou explicar o conteúdo do que nós acreditamos.
>
> Quando se trata da ressurreição de Cristo, valem para nós o testemunho e as afirmações dos apóstolos: eles viveram para proclamar que Jesus ressuscitou, e morreram para testemunhar essa verdade. Curioso, e ao mesmo tempo significativo, foi que eles não esperavam essa ressurreição".[12]

---

[12] KRIEGER, Murilo S. R. *Se eu tivesse uma câmera digital...* São Paulo: Paulinas. No prelo.

"As aparições do Senhor Ressuscitado, documentadas por uma antiquíssima tradição (1Cor 15,3-7), produziram um impacto irrefreável devido à experiência do encontro com o Mestre, que volta gloriosamente à vida depois de ter sido crucificado e morto. O querigma é inseparável desta experiência de vida, pois anuncia Cristo presente que nos faz participar de sua vitória sobre a morte."[13]

Para nós, que vivemos no século XXI, o que significa crer que Jesus ressuscitou? Crer em sua ressurreição significa ter consciência de que participamos da fé dos apóstolos. Cremos em seu testemunho. Nossa fé nos liga a Pedro, a João, a Tiago, a Bartolomeu... Somos herdeiros de suas convicções e de seu entusiasmo.

A ressurreição de Cristo inaugurou uma nova época: "Se, outrora, conhecemos Cristo à maneira humana, agora já não o conhecemos assim. Portanto, se alguém está em Cristo, é criatura nova. O que era antigo passou; agora tudo é novo" (2Cor 5,16-17). É novo porque Jesus Cristo é o fundamento, aquele por quem fomos salvos, redimidos do pecado, resgatados das mãos da morte. Daí surge a nova condição do cristão como nova criatura.

A Ressurreição do Senhor nos faz vencer o temor, cura nossas feridas e nos consola de nossas desilusões. O amor do Senhor não decepciona. Ele é derramado profusamente em nossa vida para que o experimentemos sempre mais em cada minuto de nosso dia.

Por isso, temos esperança, força de luta, paz, otimismo e sentido de vida. Anima-nos a confiança no Deus vivo e salvador. Somente o Senhor é capaz de preencher nosso coração, nos trazer a alegria duradoura, nos fazer capazes de perdoar e de nos relacionarmos com sinceridade. Somos felizes porque descobrimos um horizonte de vida plena até a eternidade.

Pode-se dizer que a Páscoa não está terminada: ela se cumpriu em nossa Cabeça, Cristo; porém, ainda tem que se cumprir em nós. A passagem ao Pai, e à nova existência, continua em nós. A celebração da Páscoa é, pois, "colocar-se nela", aceitar seus motivos-força e deixar-se ressuscitar à nova vida pelo mesmo Espírito que ressuscitou Cristo dentre os mortos.

---

[13] CNBB. *Anúncio querigmático*, n. 26.

Espírito Santo

"Mas perguntamo-nos: de onde atinge o homem aquela abertura do coração e da mente para crer no Deus que se fez visível em Jesus Cristo morto e ressuscitado, para acolher a sua salvação, de forma que ele e seu Evangelho sejam o guia e a luz da existência? Resposta: nós podemos crer em Deus porque ele se aproxima de nós e nos toca, porque o Espírito Santo, dom do Ressuscitado, nos torna capazes de acolher o Deus vivo. A fé então é primeiramente um dom sobrenatural, um dom de Deus".[14]

O Espírito Santo é a terceira pessoa da Santíssima Trindade; é o grande dom do Cristo Ressuscitado que abre a nossa mente e o nosso coração para a fé em Jesus como o Filho enviado pelo Pai e que nos guia à amizade, à comunhão com Deus. É o amor do Pai e do Filho. Jesus é

---

[14] BENTO XVI. *O Ano da Fé: o que é a fé*. Audiência Geral. 24/10/2012.

o Cristo, palavra que significa: ungido. Ele foi ungido pelo Pai e, por isso, derrama profusamente o Espírito sobre seus discípulos.

> Pode-se dizer que o coração dos apóstolos realmente mudou, quando eles passaram pela experiência de Pentecostes. Cheios do Espírito Santo, perceberam a unidade que havia na pregação de Jesus, nos seus milagres e nos vários momentos de sua vida. Antes, segundo o evangelista João, "eles ainda não tinham compreendido a Escritura, segundo a qual Jesus devia ressuscitar dos mortos". Tendo recebido o Espírito Santo, compreenderam que tudo o que fora anunciado antes de Cristo chegara a seu ponto máximo em sua ressurreição. Ela é que dava sentido ao que haviam visto e ouvido. Essa certeza, que mudou radicalmente suas vidas, foi, portanto, fruto de um processo, de um crescimento – um processo longo e difícil.[15]

No evangelho de João, Jesus afirma a Nicodemos que é preciso nascer de novo, isto é, nascer do alto. Ironicamente, Nicodemos pergunta se é preciso entrar uma segunda vez no ventre da mãe para renascer. Não se trata de um novo nascimento segundo a carne. Porém, Jesus afirma: "Em verdade, em verdade, te digo: se alguém não nascer da água e do Espírito, não poderá entrar no Reino de Deus. O que nasceu da carne é carne. O que nasceu do Espírito é espírito" (Jo 3,5-6).

Lembremo-nos de que para seguir Jesus também deveremos enfrentar o embate da luta do Reino com o mundo. As duas lógicas se excluem, pois o seguimento de Jesus leva à cruz que consiste em morrer para um mundo de poder e de interesses. Para o discípulo aceitar a aparente derrota da cruz deverá contar necessariamente com a ação transformadora do Espírito. Nisso consiste o verdadeiro nascimento realizado pela água e pelo Espírito para essa nova ordem das coisas iniciada por Jesus.

No Batismo recebemos o Espírito Santo, somos morada de Deus. O Pai nos reconhece como filhos porque o Espírito do Filho habita e age em nós. Por isso, o cristão é revestido da mais alta dignidade; sua vida transcorre como culto em espírito e verdade, e suas ações glorificam o Pai no dia a dia.

O Batismo da Igreja realiza esse desejo de Jesus. Ali renascemos pelo Espírito para justamente viver como criaturas novas segundo o espírito das bem-aventuranças. Esse Espírito habita em nós como uma fonte

---

[15] KRIEGER, Murilo S. R. *Se eu tivesse uma câmera digital...*, cit.

que jorra água boa ininterruptamente, impedindo-nos de ser um solo árido e ressequido. A vida longe de Deus se torna como uma terra esturricada pelo sol, assim como as terras do sertão castigadas pela seca. Somente o Cristo é a verdadeira fonte que faz brotar a água viva do seu Espírito capaz de matar a nossa sede do infinito.

O sopro do Espírito

No Primeiro Testamento, quando Deus criou o ser humano, soprou sobre ele, isto é, infundiu nele o seu Espírito, criando-o à sua imagem e semelhança. Deliberadamente, nossos primeiros pais optaram pela desobediência, recusaram o plano do Criador e, dessa forma, perderam a semelhança com ele.

Agora, na tarde da Páscoa, Jesus infunde, sobre os apóstolos reunidos, um novo alento em seus corações para que recobrem sua semelhança com o Criador. "Soprou sobre eles e falou: 'Recebei o Espírito Santo'" (Jo 20,22). O hálito de Jesus Ressuscitado sobre os apóstolos comunica o dom do Espírito: princípio da nova criação e da nova vida. O ser humano é, assim, recriado pela força de Cristo e do seu Espírito.

A comunicação de amor entre o Pai e o Filho é o Espírito Santo. Jesus nos comunicou esse Espírito, de tal sorte que participamos da Família Divina: "[...] O amor de Deus foi derramado em nossos corações pelo Espírito Santo que nos foi dado" (Rm 5,5). A ternura, a compaixão e a misericórdia de Deus nos envolvem.

Além disso, somos considerados filhos adotivos, pois o Pai reconhece em nossos corações a presença do Espírito de seu Filho. Assim, como nos ensina São Paulo: "Recebestes o Espírito que, por adoção, vos torna filhos, e no qual clamamos: 'Abbá, Pai!'. O próprio Espírito se une ao nosso espírito, atestando que somos filhos de Deus. E, se somos filhos, somos também herdeiros: herdeiros de Deus" (Rm 8,15-17).

5 A Igreja do amor

A maturidade que encontramos nos homens e mulheres de fé da Bíblia nos mostra que eles e elas percorreram um caminho de descobertas e de discernimento do plano de Deus em suas vidas junto aos irmãos(ãs) que professavam a mesma fé. A fé é uma aventura comunitária. Deus se revela a um povo.

Igreja: Povo de Deus

O projeto de Deus é de salvar os seres humanos em comunidade. Para isso escolheu Israel para seu povo, estabeleceu com ele uma aliança, e o foi instruindo gradualmente, manifestando, na própria história do povo, a si mesmo e a sua vontade e santificando-o para si como sinal de seu amor e predileção para com a humanidade.[1]

A realidade da Igreja enquanto Povo de Deus foi iniciada com Abraão. A Bíblia exalta sua fé, que dá origem à formação de um povo portador da bênção de Deus para um mundo em busca da salvação. Posteriormente, no tempo de Moisés, este Povo sofreu no Egito, foi peregrino no deserto, se estabeleceu na terra prometida e foi exilado duas vezes. Durante séculos, o povo de Israel travou batalhas com os povos vizinhos e, apesar de suas infidelidades, manteve a fé na aliança e no Deus único de Israel.

O povo de Israel é figura do que Deus realizaria em seu Filho, Verbo encarnado, em quem Deus estabeleceu a nova aliança, prometida anteriormente.

"Nos Atos dos Apóstolos nos vem relatado o grande discurso que Pedro pronuncia exatamente no dia de Pentecostes. Ele parte de uma passagem do profeta Joel (3,1-5), referindo-se a Jesus, e proclamando o núcleo central da fé cristã: Aquele que tinha beneficiado todos, que tinha sido creditado por Deus com milagres e

---

[1] Cf. LOPES, Geraldo. *Lumen Gentium*: texto e comentário. São Paulo: Paulinas, 2011. p. 51.

> grandes sinais, foi pregado na cruz e morto, mas Deus o ressuscitou dos mortos, constituindo-lhe Senhor e Cristo. Com ele entramos na salvação definitiva anunciada pelos profetas e quem invocar o seu nome será salvo (cf. At 2,17-24). Escutando estas palavras de Pedro, muitos se sentem pessoalmente desafiados, se arrependem de seus pecados e são batizados recebendo o dom do Espírito Santo (cf. At 2,37-41). Assim começa o caminho da Igreja, comunidade que leva esse anúncio no tempo e no espaço, comunidade que é o Povo de Deus fundado na nova aliança graças ao sangue de Cristo e cujos membros não pertencem a um determinado grupo social ou étnico, mas são homens e mulheres provenientes de toda nação e cultura. É um povo 'católico', que fala línguas novas, universalmente aberto a acolher a todos, além de todos os confins, quebrando todas as barreiras. Diz São Paulo: 'Aqui não há grego ou judeu, circuncisão nem incircuncisão, bárbaro, cita, escravo, livre, mas Cristo é tudo em todos' (Cl 3,11)."[2]

Esse povo será a raça escolhida, sacerdócio real, nação santa, povo conquistado... que outrora não era povo, mas agora é Povo de Deus... Desse povo Cristo é a cabeça e em seus corações, como num templo, habita o Espírito Santo.

> Para o gênero humano, embora muitas vezes esse povo não passe de um pequeno rebanho, o Povo de Deus é firme germe de unidade, de esperança e de salvação. Esse povo é Igreja de Cristo que ele adquiriu com o seu próprio sangue, encheu-a com o seu espírito e dotou-a dos meios convenientes para a unidade visível e social. Confortada pela força da graça de Deus e com a ação do Espírito Santo, a Igreja não pode cessar de se renovar até que, pela cruz, chegue à luz que não conhece ocaso.[3]

A Igreja é a comunhão íntima dos fiéis com o Pai, o Filho e o Espírito Santo. Jesus deixou aos seus discípulos a missão de tornar presente o Reino de Deus no mundo, por meio da pregação e do testemunho do Evangelho e da celebração da Eucaristia junto às comunidades. Assim

---

[2] BENTO XVI. *O Ano da Fé: a fé da Igreja*. Audiência Geral. 31/10/2012.
[3] LOPES, Geraldo. *Lumen Gentium*, p. 52.

como eles, também somos chamados a continuar essa missão. A Igreja é uma comunidade de irmãos e irmãs que vivem unidos pela mesma fé em Jesus. Os membros formam o povo de Deus e são chamados para agirem conforme o carisma que possuem, com o objetivo de transformar o mundo promover a realização do projeto de Deus.

Lugar do Ressuscitado

A Igreja é uma comunidade de graça e de salvação na qual está presente o Senhor glorificado, exercendo seu senhorio e seu poder salvador. Ela une o visível e o invisível, o humano e o divino, o institucional e a graça. Sua missão é servir ao anúncio de Jesus Cristo que, ressuscitado, comunica essa vitória a toda a criação (cf. Mt 28,16-20).

E agora que ele foi para junto do Pai, o que vamos fazer, onde podemos encontrá-lo? Ele já não tem, como Glorioso, limites de tempo e de espaço. Está liberado da matéria e de suas limitações. Os primeiros cristãos buscam o Ressuscitado e vão encontrá-lo na comunidade reunida (Mt 18,20); na escuta comunitária da Palavra (Lc 24,32); na celebração eucarística (Lc 24,35); na entrega da vida pelo Reino (Mt 25,40) e nos sinais dos tempos e na história (Mt 28,20). Trata-se de uma única presença de Cristo, Glorioso e Ressuscitado. A chave para entender a vida cristã, em todos os seus aspectos, é esta: *Cristo, por seu Espírito, está presente em nós*. A Comunidade cristã é o novo lugar em que podemos encontrar, com toda eficácia, o Senhor ressuscitado.

As aparições do Ressuscitado e a doação do Espírito transformam os discípulos em testemunhas que, pouco a pouco, se aglutinam em comunidades com a viva consciência de que o Senhor permanece com eles.

"Há uma cadeia ininterrupta de vida da Igreja, de anúncio da Palavra de Deus, de celebração dos Sacramentos, que chega a nós e que chamamos de Tradição. Essa nos dá a garantia de que aquilo em que acreditamos é a mensagem original de Cristo, pregada pelos apóstolos."[4] As primeiras comunidades se reuniam para *ouvir os ensinamentos dos apóstolos, partir o pão, participar das orações e viver unidos* (cf. At 2,42). Assim, também hoje, a comunidade se reúne para a celebração da Euca-

---

[4] BENTO XVI. *O Ano da Fé: a fé da Igreja*. Audiência Geral. 31/10/2012.

ristia e se prepara para dar bons frutos para o mundo. O anúncio de Jesus Cristo, como salvador e cumpridor das promessas divinas, constitui, de fato, a razão de ser da comunidade de fé que é a Igreja.

Igreja: casa do amor

A Igreja peregrina dá continuidade à presença do Cristo Ressuscitado, iluminando o caminho da história com a luz do Evangelho. A Igreja busca atrair as pessoas para Cristo a fim de crescer no amor e numa grande comunhão com Deus e com a humanidade. As comunidades, por sua vez, buscam ser acolhedoras como uma família, sem espaço para a exclusão, respeitam as diferenças entre seus membros e valorizam cada pessoa que participa.

A comunidade é um lugar privilegiado de comunhão que se desenvolve a partir da participação de todos os membros do povo de Deus, sejam bispos, presbíteros, diáconos, religiosos ou leigos. É um trabalho conjunto em que cada um exerce sua função específica e busca valorizar a opinião e o trabalho de todos para que o Reino de Deus aconteça na comunidade e no mundo.

Igreja: comunidade de seguidores

A Igreja, e nela cada cristão, deve estar orientada unicamente para Jesus Cristo, o Filho de Deus. É em Jesus Cristo Filho de Deus (Mc 1,1) que o cristão recebe a sua própria identidade e a sua missão. Na verdade, descobre como ser discípulo e para sê-lo, de fato, deve se desapegar de tudo o que se possa pensar capaz de oferecer Salvação, deve abandonar as falsas seguranças e admitir que só Jesus Cristo salva. O fiel discípulo deve, também, abandonar as falsas esperanças messiânicas, para seguir única e exclusivamente Jesus Cristo, aceitando-o no seu caminho de adesão pessoal e de aceitação da sua cruz cotidiana (cf. Mc 8,34-38).

A comunidade dos seguidores possui uma organização feita pelo próprio Jesus. No grupo dos numerosos discípulos,[5] Jesus escolheu

---

[5] Lucas, em seu evangelho, fala de pelo menos 72 discípulos (cf. Lc 10,1). Paulo afirma que Jesus ressuscitado apareceu para mais de quinhentos irmãos (cf. 1Cor 15,6).

Doze, que os evangelhos denominam de apóstolos, isto é, *enviados* ou simplesmente *os Doze* (cf. Mc 3,13-19). O grupo dos Doze, em relação aos outros discípulos, é íntimo, está mais próximo e forma uma comunidade de vida com Jesus, que lhes dedica uma particular atenção e instrução, praticando uma experiência missionária que deve ser entendida como conteúdo da evangelização: anunciar a Boa-Nova e libertar do demônio (cf. Mc 6,7-13). Os Doze estão com Jesus e agem no poder do seu nome, aprendendo, contudo, a ser servos, a exemplo do próprio Mestre (cf. Mc 9,35-37; 10,35-45).

Nossa experiência de fé tem sentido e acolhida na comunidade de pessoas que creem, que juntas buscam discernir a presença e os desígnios do Senhor em seu caminho e formam, agora, o novo Povo de Deus. O ato de fé do indivíduo insere-se numa comunidade, no "nós" comum do povo.

Sabemos que a Igreja tem a sua dimensão humana de organização interna, de ministérios e serviços, com os quais nem sempre estamos de acordo, são limitados e com o correr do tempo foram se modificando e se aperfeiçoando. Lembremo-nos de que a Igreja é visível e também pertence a este mundo.

De outra parte, o mistério de graça que a Igreja é dispensadora é maior do que suas limitações humanas e nossa experiência pessoal de fé encontra amparo e explicitação na comunidade que reza unida. No entanto, há pessoas que ao se despertarem para a fé, muitas vezes, são logo atraídas por aspectos bastante acidentais: "fui bem recebida nesta Igreja; sinto-me bem aqui; gosto dos cantos e da animação..." Precisamos ajudá-las a formar convicções mais profundas que evitem o individualismo e a superficialidade.

Na comunidade recebemos a Palavra que "é mais penetrante que qualquer espada de dois gumes e julga os pensamentos e as intenções do coração" (Hb 4,12). Assim, a comunidade torna-se o lugar da experiência de Deus. Nela, o Pai nos reúne à mesa do banquete para comungar com Cristo, e o Espírito Santo, que tem acesso ao nosso íntimo, transforma nosso modo de ver as pessoas e os acontecimentos.

Três pastorais

Se queremos anunciar Jesus Cristo, nossa atitude será missionária, como também a paróquia a qual pertencemos se revestirá desse mesmo espírito. O Papa Francisco, invertendo a parábola da ovelha perdida, diz-nos que hoje deixamos protegida uma ovelha e saímos em busca das noventa e nove dispersas. *Visitar, acolher e escutar* são movimentos básicos do missionário e de uma comunidade que se incomoda com quem está afastado. Essas atitudes colocam-se diretamente na mão contrária da atual burocracia de muitos expedientes paroquiais.

As Pastorais da *Visitação, da Acolhida e da Escuta* serão de grande valia para expressar a Igreja que vai ao encontro daquele que está afastado ou que nunca se sentiu Igreja. Propicia condições para que a experiência pessoal de fé ou a descoberta do sentido de Deus seja acolhida na comunidade.

Visitar

Esta pastoral segue o exemplo de Jesus que confiou a seus 72 discípulos (cf. Lc 10) ou como Maria que partiu para as montanhas para visitar sua prima Isabel, levando a alegre Boa-Notícia de Jesus. Vamos, portanto, sair ao encontro das pessoas, das famílias, das comunidades para comunicar e partilhar o dom do encontro com Cristo, que plenificou nossas vidas de sentido; de verdade e amor; de alegria e esperança.

A paixão pelo Reino de Deus nos leva a desejá-lo cada vez mais presente entre nós. Na força do Espírito Santo, que sempre nos precede, a Missão nos levará a viver o encontro vivo com Jesus, capaz de impulsionar os batizados à santidade e ao apostolado e de atrair os que estão distantes do influxo do Evangelho ou que sequer experimentaram o dom da fé.

Muitas paróquias redimensionaram seus setores depois de uma missão popular, o que facilita a organização das visitas. Vamos dar uma atenção especial à família, para que ela se torne "Igreja doméstica" visitando de casa em casa aquela multidão de católicos afastados de nossas igrejas. Com zelo pastoral, procuramos dar uma especial atenção às localidades mais distantes, sobretudo as mais pobres: áreas muitas vezes esquecidas pela nossa Paróquia.

Os visitadores estarão atentos para: dar preferência de ir às casas mais pobres; alegrar-se de conhecer a família; valorizar o que puder ser notado exteriormente, como flores, enfeites na sala etc.; acolher a todos, especialmente os idosos e as crianças; e cuidar para ouvir o que a família tem a dizer. Quanto mais escutamos ativamente as pessoas, mais as acolhemos em nosso íntimo, valorizamos a sua história, os acontecimentos que têm a nos relatar. Nossa palavra se reduz ao essencial. Nunca como juízo de valores sobre fatos e pessoas.

A visita se destina a todos. Em fidelidade ao Evangelho, no seguimento de Jesus Cristo, atenção especial deve ser dada aos sofredores: doentes, enlutados, prisioneiros e mais pobres. A lista inclui também os desanimados, os desesperançados, as casas de repouso de idosos, creches, escolas, universidades, abrigos, centros de tratamento de dependentes e de soropositivos.

Muitas paróquias adotaram a visita domiciliar na pastoral do Batismo. A família inscreve a criança e fica aguardando a visita dos agentes em sua casa. Esta tem o objetivo de fomentar a verdadeira amizade, a fé e o conhecimento da real situação da família.

> Importa valorizar o encontro pessoal, como caminho de evangelização. Nele se aprofundam laços de confiança e experiências de vida são partilhadas [...].

Através da visitação, do contato pessoal, contínuo e organizado, manifesta-se a iniciativa do discípulo missionário, que não espera a chegada do irmão ou irmã, mas vai ao encontro de cada um, de cada uma e de todos.[6]

Acolher

A *Pastoral da Acolhida* vai muito além do recepcionar na porta da igreja. Ela envolve uma rede de relacionamentos que dá sustentação e perseverança nas ações desenvolvidas na comunidade. Deve ser permanente, contínua e estar em todos os níveis e dimensões pastorais da paróquia. A acolhida interessada no bem da pessoa tem lugar, inicialmente, no atendimento ordinário feito durante o expediente paroquial; ali já se grava o bom atendimento que naturalmente conduzirá aos demais setores da animação paroquial.

Acolher significa oferecer refúgio, proteção ou conforto. É mostrar, com gestos e palavras, que a comunidade é o espaço onde se pode encontrar essa segurança.

A parte mais desafiadora da Pastoral da Acolhida: fazer com que essas pessoas que recebemos continuem sendo alvo da nossa atenção e simpatia. Isso nem sempre é fácil porque a comunidade é também lugar de conflitos e contendas. Só o amor e o respeito humano em nossas diferenças e limitações são capazes de superar as fases mais desgastantes dos relacionamentos humanos que ocorrem no dia a dia.

Acolher bem implica diminuir a distância estabelecida pela burocracia paroquial. Primeiramente demonstramos nosso interesse pela pessoa, pela chegada dela na comunidade queremos atender a sua solicitação e, posteriormente, dirigimos-lhe as perguntas de praxe.

Escutar

A Pastoral da Escuta é um serviço voluntário, prestado por pessoas que se dispõem a escutar outras pessoas em ambiente confidencial. A

---

[6] CNBB. *Diretrizes Gerais da Ação Evangelizadora da Igreja no Brasil – 2008-2010*. São Paulo: Paulinas, 2008, n. 117. (Documentos CNBB 87).

carência de ser ouvido leva muitas pessoas ao desespero e ao sentimento arrasador de solidão no meio da multidão, que pode ser catastrófico. O objetivo é oferecer uma conversa amiga nos momentos difíceis ou angustiosos que alguém esteja passando. A conversa se dá num clima de verdadeira confiança, fazendo desse momento uma ocasião para a pessoa desabafar seus problemas.

Vivemos num mundo onde as pessoas precisam cada vez mais falar de suas agruras, mas nem sempre encontram alguém que esteja disposto a escutá-las. A carência de diálogo começa muitas vezes dentro das próprias famílias, onde o casal pouco dialoga entre si e com os filhos. Daí surge a necessidade de se ser escutado, de se ter pessoas em quem se possa confiar e com quem desabafar.[7]

---

[7] PEREIRA, José Carlos. *Pastoral da acolhida*: guia de implantação, formação e atuação dos agentes. São Paulo: Paulinas, 2010; ibid. *Pastoral da escuta*: por uma paróquia em permanente estado de missão. São Paulo: Paulus, 2013.

6 Fé e conversão

A partir da experiência humana do compromisso de amizade entre duas pessoas, o povo de Israel compreende sua relação com Deus como pacto de aliança. Deus e o povo assumem esse pacto de fidelidade e de amizade, que da parte de Deus implica ajuda e proteção e, da parte do povo, o seguimento de seus mandamentos.

O encontro da graça preveniente de Deus com a resposta afirmativa do ser humano estabelece a aliança, como aquela do Antigo Testamento: "Eu serei o vosso Deus e vocês serão o meu povo". Como uma via de mão dupla, Deus sempre vem ao nosso encontro, mas aguarda nossa correspondência, pois respeita nossa vontade de acolhê-lo. "Eis que estou à porta e bato; se alguém ouvir minha voz e abrir a porta, eu entrarei na sua casa e tomaremos a refeição, eu com ele e ele comigo" (Ap 3,20). Numa refeição, Deus manifesta seu desejo de íntima amizade, porém, ele espera que nós lhe abramos a porta!

Somos criaturas chamadas pelo Criador à vida divina para compartilhar a felicidade e seu amor eterno. Podemos aceitar ou negar as chamadas do Senhor, pois somos interlocutores de Deus e não meras marionetes. Orientado pela vocação divina, o livre-arbítrio nos permite voltar para Deus e receber dele o seu Dom. Por isso, o ato de fé se reveste de adesão, entrega e acolhida de uma revelação, como um ato segundo e muito menor a todo o bem que ele nos proporciona. Nós, como os Apóstolos, sentimos a necessidade da fé e da segurança que vem dela.

A fé é um ato pessoal de adesão a Deus, ao mesmo tempo é expressão comum daqueles que a professam como Povo de Deus a caminho da casa do Pai. A fé deve ser cultivada para crescer sempre mais. Portanto, ela precisa ser alimentada com testemunhos de pessoas que a experimentaram, ser esclarecida pela revelação ao Povo de Deus na Bíblia e ser expressa na oração comum e direta à Trindade Santíssima. Somente eu dizer que tenho fé e não me ligar a uma comunidade de fé é insuficiente para o seu desenvolvimento.

> "A fé [...] é acolher a revelação de Deus, que nos faz conhecer quem ele é, como age, quais são seus planos para nós [...] com a revelação o próprio Deus se autocomunica, se diz, torna-se acessível. E nós somos capazes de escutar a Sua Palavra e de receber a sua verdade. Eis, então, a maravilha da fé: Deus, no seu amor, cria em nós – através da obra do Espírito Santo – as condições adequadas para que possamos reconhecer a sua Palavra. Deus mesmo, na sua vontade de se manifestar, de entrar em contato conosco, de estar presente em nossa história, nos permite ouvi-lo e acolhê-lo."[1]

Amadurecimento da fé

Comumente dizemos que temos fé! Mas precisamos, de fato, saber em que temos fé! Nossa fé é aquela mesma que Jesus apresentou no seu Evangelho quando falava do Pai, do Reino e da vida nova?

Não podemos perder de vista que a fé também pode ser manipulada segundo os interesses de quem prega. Há os casos extremos de fanatismo religioso que levaram comunidades inteiras à ruína. São Pedro nos adverte: "Estai sempre prontos a dar a razão da vossa esperança a todo aquele que a pedir" (1Pd 3,15). Daí a importância de aprofundar nosso conhecimento da Palavra de Deus e especialmente do Evangelho, como também da doutrina da Igreja.

A Conferência Nacional dos Bispos do Brasil alerta:

> O discípulo missionário observa com preocupação o surgimento de certas práticas e vivências religiosas, predominantemente ligadas ao emocionalismo e sentimentalismo [...]. Oportunistas manipulam a mensagem do Evangelho em causa própria, incutindo a mentalidade de barganha por milagres e prodígios, voltados para benefícios particulares, em geral vinculados aos bens materiais. Exclui-se a salvação em Cristo, que passa a ser apresentada como sinônimo de prosperidade material, saúde física e realização afetiva. Reduzem-se, desse modo, o sentido de pertença e o compromisso comunitário-institucional. Surge uma experiência religiosa de momento, rotatividade, individualização e comercialização.[2]

---

[1] BENTO XVI. *O Ano da Fé: introdução*. Audiência Geral. 17/10/2012.
[2] CNBB. *Diretrizes Gerais da Ação Evangelizadora da Igreja no Brasil – 2011-2015*. São Paulo: Paulinas, 2011. n. 22. (Documentos CNBB 94).

Nesse horizonte, ter fé significa negociar com Deus para levar vantagens nesta vida. Uma fé que só produz resultados tão imediatos e com compromissos éticos tão pequenos não corresponde ao Cristo que descobrimos no Evangelho. "Esses caminhos não levam ao encontro com Jesus Cristo. Geram cristãos e cristãs marcados pelo egoísmo e não pelo amadurecimento na fé."[3]

A fé é dom de Deus

A iniciativa de Deus sempre precede qualquer ação humana, e, mesmo no caminho rumo a ele, é ele quem primeiro nos ilumina, nos orienta e nos conduz, respeitando sempre a nossa liberdade. E é sempre ele quem nos faz entrar na sua intimidade, revelando-se e doando-nos a graça para acolher essa revelação na fé.[4]

A fé veio ao nosso encontro quando fomos batizados e a recebemos de maneira infusa e gratuita, sem mérito nenhum de nossa parte. Por ela temos acesso ao abraço paterno de Deus, à amizade de Jesus, e somos transformados em filhos pelo Espírito Santo. Assim, entramos na Igreja para fazer parte da família de Deus, com a missão de expandir e ser testemunha do amor do Pai que não hesita em "entregar o seu Filho único, para que todo o que nele acredita não morra, mas tenha vida eterna" (Jo 3,16).

O nosso Batismo é considerado a porta da vida espiritual; propicia a primeira participação na morte e ressurreição de Cristo; marca o começo do caminho; constitui o momento inicial de identificação com Cristo no seu mistério pascal, no qual somos transformados radicalmente. Por isso, normalmente a fonte batismal ou o batistério se acha na entrada da igreja.

Pela fé recebemos a graça de Deus. A graça nos torna participantes da mesma vida de Deus e nos eleva a um estado sobrenatural, quer dizer, a um estado que sobrepassa o poder e as exigências naturais da criatura! Graça de Deus é um presente espiritual, invisível, mas não é uma coisa abstrata, situada só em nosso pensamento. Consiste na habitação do Espírito Santo em nós.

---

[3] Idem. *Diretrizes Gerais da Ação Evangelizadora da Igreja no Brasil – 2008-2010*. São Paulo: Paulinas, 2008. n. 108. (Documentos CNBB 87).
[4] BENTO XVI. *O Ano da Fé: os caminhos para chegar ao conhecimento de Deus*. Audiência Geral. 14/11/2012.

A fé nos dá a certeza da presença amorosa de Deus em nossa vida. Oferece-nos o amparo de sua providência que não abandona aquele que a invoca; sobretudo, a fé nos põe em íntima relação com a Trindade Santa para que convivamos em atitude de esperança e amor com o Deus que não desiste de nós, mesmo considerando nossas atrapalhações.

Antes de tudo, crer não é concordar com a demonstração clara de um projeto sem problemas. Não se crê em algo que se possa possuir e modificar conforme seu gosto pessoal. *Crer é confiar em alguém; significa colocar a própria vida nas mãos de outro, para que ele seja o único, o verdadeiro Senhor. Crê quem se deixa ser guiado pelo Deus invisível; quem aceita ser possuído por ele numa escuta obediente e dócil. Ter fé é se render, se abandonar e acolher Deus que primeiro nos busca e se doa.* Fé não é posse, garantia e segurança humanas.

A fé é resposta

Deus se comunica de muitas maneiras (cf. Hb 1,1) e, nessas comunicações, ele mesmo se doa, abre-nos o horizonte da vocação divina e nos capacita para responder ao seu amor. A fé comporta esse movimento de resposta à graça que o Senhor continuamente nos oferece.

No Batismo, o Pai nos concede todos os dons, nos aceita como filhos, porque recebemos o Espírito da Ressurreição, e perdoa nossos pecados. Porém, permanece em nós a liberdade de aceitar ou de contrariar o plano do Pai e optar pelo mal.

A vida cristã é tida como o tempo do desafio, para correspondermos com retidão de vida ao dom que o Pai nos deu. Viver esse amor-doação é a identidade do cristão. Este foi mergulhado na imensidão do amor de Cristo para servir e amar pela vida afora.

A nossa resposta consiste na abertura do coração num dar-se, confiar-se, entregar-se a ele, até poder afirmar com São Paulo: "Eu vivo, mas já não sou eu que vivo, pois é Cristo que vive em mim" (Gl 2,20), com a certeza de que "sei em que pus minha fé" (2Tm 1,12). Crer é entregar a própria vida, é abandonar-se nas mãos do Pai numa atitude de profunda, total e extrema confiança: "Pai, em tuas mãos entrego o meu espírito" (Lc 23,46).

O amor do Senhor em nós cria uma estreita relação de amizade e correspondência de ambas as partes. A *Parábola da semente* (Mt 13,1-23) nos ajuda a entender o essencial da vida de Deus em nós. Precisamos ser a terra boa, macia e pronta para receber a semente da Palavra, o que mostra a necessidade da permanente atitude de escuta da Palavra e adesão à vontade do Senhor.

Assim como a semente precisa do solo bom para se desenvolver, Jesus nos ensina que o seu seguidor necessita desenvolver algumas atitudes básicas: "O que caiu em terra boa são aqueles que, ouvindo com um coração bom e generoso, conservam a Palavra e dão fruto pela perseverança" (Lc 8,15). Três palavras-chave resumem a condição de ser discípulo de Jesus: *ouvir, guardar, frutificar*. Aquele que segue o Senhor faz brotar a semente à medida que ouve a Palavra e a coloca em prática, assim produzindo fruto, oitenta... cem por um, segundo a medida de sua adesão e confiança no Senhor.

A sabedoria da parábola nos alerta para que a Palavra não fique sem produzir frutos, tal como as sementes que não encontraram solo bom e caíram à beira do caminho, de qualquer maneira, de forma que os pássaros a comeram, ou brotaram entre as pedras e espinheiros.

Lucas vai pintar os traços da figura de Maria Santíssima. Mostra que ela tem exatamente as qualidades que caracterizam o seguidor de Jesus. Maria ouve a Palavra de Deus com fé, guarda no coração e a põe em prática.[5] "Eis a escrava do Senhor, faça-se em mim segundo a tua palavra" (Lc 1,38); "Sua mãe guardava todas estas coisas no coração" (Lc 2,51b).

Converter-se à Palavra

> O querigma tem a característica de reiterar a promessa contida no anúncio, aplicando-a ao contexto dos ouvintes para suscitar-lhes *a atitude de conversão* e consolidar a adesão a Jesus Cristo, Caminho, Verdade e Vida. Há que aplicar a promessa salvífica ao ouvinte de hoje, de tal forma que ele seja interpelado e obtenha a sua reação.

Jesus ressuscitado nos convida à salvação, à vida plena no restabelecimento da relação com Deus-Pai. É próprio do primeiro anúncio apresentar a ação da providência divina que socorre a pessoa, quer vê-la liberta de qualquer amarra trazida pelo sofrimento. Vamos ajudar as pessoas a tomar consciência da chegada do Reino, do anúncio inadiável das promessas do Senhor que quer resgatar o oprimido pela dor, devolver a paz e, sobretudo, ser a fonte de sentido para a vida. Podemos conferir o efeito da Palavra naqueles que estão sofrendo o luto, a desilusão amorosa, o desemprego, a injustiça, a solidão, a doença...

Somos servidores da Palavra. Ao proclamar a Palavra, os acontecimentos da vida de Jesus se cruzam com os nossos: sangue e suor, sofrimentos e alegrias, realizações e projetos, tristezas e esperanças... nada abstrato. Cada um se descobre capaz de ler os sinais de salvação e de manifestação do Senhor em sua própria vida e ao seu redor.

O momento da graça na vida da pessoa concerne à ação silenciosa do Espírito do Senhor, ninguém o controla, pois "o vento sopra onde

---

[5] Cf. MURAD, Afonso. *Maria, toda de Deus e tão humana*. São Paulo: Paulinas/Siquem, 2004. pp. 33-34. (Livros Básicos de Teologia, n. 8.2).

quer"! Queremos fazer tudo o que o Senhor nos disser. É uma Palavra de vida que devolve a paz, suscita a esperança, oferece o consolo, mas ao mesmo tempo nos desinstala, nos põe de pé prontos para caminhar e enfrentar os desafios. Sem essa atitude de nossa parte, o diálogo não se completou e a semente continuará em solo pedregoso e infértil.

"A resposta ao anúncio querigmático é existencial, pois envolve toda a pessoa. Trata-se de uma verdadeira conversão por meio da qual ocorre o arrependimento dos próprios pecados e a adesão a Jesus Cristo, com a entrega da própria vida a ele."[6]

Quando respondemos sim ao plano de Deus em nossa vida, tudo se modifica. Compreendemos que ele tem a primazia sobre nossas escolhas e sua vontade passa a ser a fonte de nossa realização humana. Daí se torna mais fácil aceitar os acontecimentos e situações próprias de nossa humanidade: sofrimento, carências afetivas, maternidade e paternidade, lutos e perdas...

> Mesmo no abismo do pecado não se apaga no homem aquela faísca que lhe permite reconhecer o verdadeiro bem, de saboreá-lo, e de iniciar assim um percurso de subida, no qual Deus, com o dom da sua graça, não deixa jamais faltar a sua ajuda. Todos, aliás, precisamos percorrer um caminho de purificação e de cura do desejo. Somos peregrinos em direção à pátria celestial, em direção ao bem pleno, eterno, que nada jamais nos poderá tirar.[7]

Quando a pessoa amadurece nesse entendimento, coloca-se no caminho de amar o outro, seja ele quem for. Quem ama experimenta o amor do Criador.

Amor ao próximo

Todo anúncio de Jesus consiste em levar as pessoas a olharem não somente para si mesmas, mas também para o outro e suas necessidades. Em muitos textos do Evangelho, Jesus demonstra grande sentimento de compaixão pelo outro. Mas essa compaixão não pode ser somente em relação com os de casa ou da família; ela deve se estender àqueles que nem conhecemos. Vencer o "eu", preso às ambições de possuir pessoas, dinheiro, poder, objetos, para sua própria vantagem, não é muito fácil ou mágico.

---

[6] CNBB. *Anúncio querigmático*, n. 12.
[7] BENTO XVI. *O Ano da Fé: o desejo de Deus*. Audiência Geral. 07/11/2012.

> Ser evangelizado é descobrir que, cada dia, pela Palavra de Deus, posso viver melhor comigo mesmo e com o próximo, experimentar a ação transformadora do encontro com Jesus.

A cada dia, só nos resta converter sempre mais para nos aproximar dos sentimentos do coração de Jesus. *Diante do anúncio da chegada do Reino*, somente nos resta essa atitude *e crer no Evangelho*, conforme ressalta o evangelista Marcos 1,14. A conversão é a atitude que cabe a todo cristão, durante toda a sua vida. Para isso, o Espírito Santo nos assiste e fortalece.

> Aderindo a Jesus Cristo, o discípulo assume como norma de conduta o exemplo e o caminho do Mestre. Nas diversas circunstâncias da vida, o Evangelho deverá orientar o seu agir. Ser discípulo é viver o permanente esforço e o desafio de assimilar um modo de ser apreendido na escuta e no seguimento do Senhor.[8]

Vida nova

Durante a vida terrena de Jesus, os primeiros sinais que os discípulos reconheceram no Mestre foram as curas e os milagres. Aquele homem simples, olhar cativante que aparentemente não tinha nada a oferecer, nem dinheiro, nem poder, nem proteção, nem casa, estava curando pessoas. Os discípulos ficaram surpresos, assustados, maravilhados, porque até então ninguém tinha manifestado tal poder. Esses sinais comprovam uma nova ordenação da realidade inaugurada por Jesus.

Depois, a experiência do encontro com o Cristo Ressuscitado deu largueza ao coração dos discípulos, tocando o mais profundo de suas vidas e suscitando um jeito novo de ser e de viver. Uma conduta marcada pela capacidade nobre de fazer da própria vida um dom para os outros, especialmente, na comunidade, pela comunhão e pela partilha.[9]

---

[8] CNBB. *Anúncio querigmático*, n. 65.
[9] Cf. ibid., n. 69.

A graça do Batismo nos leva a seguir os mesmos passos de Jesus; passamos a ser discípulo(a), isto é, "estamos à escuta obediente de Jesus de manhã à noite". O discípulo comunga da vida de Jesus, de sua filiação com o Pai e de sua relação amorosa com o Espírito Santo.

Pelo Batismo vivemos uma nova condição de vida, recebemos o seu espírito de ressurreição e já somos capazes de resplandecer a glória de Deus. No Monte Tabor, a *Transfiguração de Jesus* (Mt 17,1-9) diante de Pedro, Tiago e João concretiza a luz de vida nova que o discípulo irradia, pois o Espírito de Deus brilha naquele que segue o Senhor.

A beleza de viver no Espírito faz o discípulo se parecer com o Senhor: "Seu rosto brilhou como o sol e suas roupas ficaram brancas como a luz" (v. 2). A Transfiguração revela a condição divina de Jesus de Nazaré, o filho de Maria. Os discípulos conseguem ver nele a natureza humana glorificada.

A transfiguração é o prenúncio da ressurreição, como coroação dos sofrimentos em sua paixão. Jesus fez isso para que os apóstolos não se escandalizassem diante do horror da cruz. A confiança em Deus nos leva a suportar as dores e as limitações, porque a cruz não é o fim de nosso caminho de fé, mas sim o meio para alcançarmos a meta: a ressurreição. A cruz não afasta o discípulo de sua missão, pois todo aquele que faz a vontade de Deus imita Jesus, por isso o Pai diz: "Este é o meu Filho amado, nele está meu pleno agrado: escutai-o" (v. 5).

O Batismo é a nossa participação na morte e ressurreição de Jesus. Por ele somos enxertados no interior da vida divina, isto é, somos justificados e, por isso, também somos transfigurados.

"Se alguém está em Cristo, já é uma criatura nova" (2Cor 5,17). O mundo velho desapareceu. Tudo agora é novo. Porque Deus Pai, por Cristo e em Cristo, a nós e ao mundo inteiro reconciliou consigo, não nos atribuindo a responsabilidade de nossas faltas. "Deixemo-nos reconciliar por Deus" (cf. 2Cor 5,19). A Reconciliação é um dom precioso que parte de Deus que nos quer livres das garras e do peso amargo do pecado, nos quer recompostos em plena dignidade de filhos.

7 O anunciador do querigma

Anunciar o querigma constitui uma nova forma de fazer pastoral! De nossa parte, isso comporta um novo aprendizado e requer conversão. Desde tenra idade, sem sobressaltos, vimos nossa fé crescer em família ao murmúrio das rezas, do canto das novenas e dos festejos do padroeiro. Vivíamos numa sociedade de maioria católica, na qual o comum era crer em Cristo. Agora, com o pluralismo, a sociedade perdeu o referencial de vida cristã e as famílias já não transmitem a fé, especialmente para suas crianças. Resulta que lidamos com pessoas que não tiveram contato com a fé, por isso se torna necessário e, ao mesmo tempo, incomum de nossa parte anunciar Jesus e o seu Reino de maneira clara e convicta.

Os movimentos neocatecumenais e aqueles oriundos da Renovação Carismática trouxeram à tona essa forma de evangelizar. Para quem faz uma experiência de encontro com Cristo, esses movimentos contemplam o querigma como a base da conversão capaz de despertar um novo sentido de viver.

Sem forçosamente copiar o estilo de primeira conversão desses movimentos, com todo direito podemos anunciar o querigma a partir de nossa prática pastoral, catequética e litúrgica, e principalmente de tudo aquilo que já vivenciamos na comunidade, na oração e no confronto dos acontecimentos de nossa vida com a Palavra.

Basta respeitar os passos de: acolher a pessoa, anunciar claramente Jesus Cristo que realiza suas promessas e suscitar a conversão para a vida nova. O exercício do primeiro anúncio nos torna mais sensíveis ao sofrimento das pessoas, nos alerta para individualizar cada situação e personalizar as tratativas com cada um.

Seguindo o estilo de ser Igreja do Papa Francisco, hoje, precisamos ser agentes "capazes de descer na noite sem ser invadidos pela escuridão e perder-se; capazes de ouvir a ilusão de muitos, sem se deixar seduzir; capazes de acolher as desilusões, sem desesperar-se nem precipitar na amargura; capazes de tocar a desintegração alheia, sem se deixar dissolver e decompor a própria identidade".[1]

---

[1] FRANCISCO. Encontro com o Episcopado Brasileiro. In: *Palavras do Papa Francisco no Brasil*, p. 101.

Não tenhamos receio de rezar para curar, abençoar, afastar o mal, reconciliar os inimigos, superar a dor, conseguir uma graça. Realizar gestos de cura com a imposição de mãos, de bênção com água benta, de procissão com velas acesas... Não é falso, de nossa parte, demonstrar que em Cristo somos agentes do consolo, da misericórdia, da esperança na força do Espírito Santo.

Discipulado

Não existe anúncio sem anunciadores. Assim se expressa Paulo: "Como invocarão aquele em quem não creram? E como crerão naquele que não ouviram? E como o ouvirão, se ninguém o proclamar? E como o proclamarão, se não houver enviados?" (Rm 10,14-15a). O anúncio da fé de nossa parte é fundamental para a Igreja cumprir sua missão de evangelizar.

Jesus cuidou para que sua Palavra chegasse a todas as nações; por isso, chamou apóstolos, discípulos e discípulas para segui-lo. "Os Doze iam com ele, e também algumas mulheres que tinham sido curadas de espíritos maus e de doenças... e muitas outras mulheres, que os ajudavam com seus bens" (Lc 8,1b-2). Eram pessoas que escutavam o seu convite: *Vem e segue-me*. Eles consideravam o chamado de Jesus como o fato mais importante de suas vidas. Ao serem chamados, os apóstolos "deixaram tudo e o seguiram" (Lc 5,27-28).

Na convivência cotidiana, os discípulos logo descobriram duas coisas bem originais no relacionamento com Jesus. Por um lado, não foram eles que escolheram seu mestre, foi Cristo quem os escolheu. E, por outro lado, eles foram escolhidos para se vincularem intimamente à Pessoa dele (cf. Mc 1,17; 2,14). São chamados para fazerem do "caminho" de Jesus o próprio "caminho".[2] Assim, temos clareza de que é o Senhor quem nos convoca e nos chama pelo nome para exercermos essa missão. Não fomos nós que a escolhemos.

É bastante clara no Novo Testamento a autoridade pessoal de Jesus de chamar em nome próprio seguidores para anunciar e instaurar o Reino de Deus. O texto de Marcos expressa com toda a força essa autoridade: "Chamou a si os que ele queria" (Mc 3,13), ou seja, ele mesmo e

---

[2] Cf. *Documento de Aparecida*, n. 131.

sua autoridade são o critério e a referência que dão sentido e determinam tal chamamento. E os que foram chamados se reuniram em torno dele para iniciar um caminho comunitário.

O critério de eleição é do Senhor. Ao descobrirmos nossa vocação, imitar a atitude de Maria Santíssima diante do Anjo é a que melhor cabe a nós: "Eis aqui a serva do Senhor! Faça-se em mim segundo a tua palavra" (Lc 1,38).

A relação mestre-discípulo não se limita ao fato de ensinar e aprender uma doutrina, mas é uma comunhão vital com Jesus e se traduz na obediência incondicional à sua palavra. Os seguidores de Jesus participam de sua vida, de suas atividades, particularmente do anúncio do Reino. Mas eles dependem plenamente de Jesus e agem em comunhão com ele. Sem a relação-comunhão vital com Jesus, a pregação da Boa-Nova do Reino perde toda sua força de transformação.

Ser discípulo implica ser um constante seguidor e aprendiz de quem é Jesus Cristo e de seu projeto. "'Eu devo anunciar a Boa-Nova do Reino de Deus também a outras cidades, pois é para isso que fui enviado'. E ele ia proclamando pelas sinagogas da Judeia" (Lc 4,43). Ele mesmo é a Boa-Nova do Reino de Deus e quer associar os seus discípulos a si mesmo e à sua missão para enviá-los a pregar (Mc 3,14).

Por sua Palavra e pelos acontecimentos de nossa vida, Jesus chama a cada um para essa missão. A sua Palavra arde em nossos corações porque é o Espírito Santo quem age. A nossa colaboração para a difusão do Evangelho é única e insubstituível, ninguém fará o que o Pai designou para mim. Cabe-nos permanecer atentos para ouvir a voz do Mestre e sermos fiéis ao plano de sua vontade.

Antes de ser uma obrigação, é uma alegria anunciar a ação de Deus em nossa vida, pois sentimo-nos acolhidos, amparados, em estreita amizade com ele, o que significa comunhão de vida, de ideais, de lutas e de conquistas. Deus faz história junto conosco, é nosso parceiro de vida e de morte. Com ele somos capazes de vencer a solidão, os desafetos e decepções. Como não nos emocionarmos, ao oferecermos o dom precioso do Reino, que verdadeiramente não engana, mas nos liberta da dependência do consumismo e do culto de si mesmo.

Quando cresce no cristão a consciência de pertencer a Cristo, em razão da gratuidade e alegria que produz, cresce também o ímpeto de comunicar a todos o dom desse encontro. A missão não se limita a um programa ou projeto, mas é compartilhar a experiência do acontecimento do encontro com Cristo, testemunhá-lo e anunciá-lo de pessoa a pessoa, de comunidade a comunidade a todos os confins do mundo (cf. At 1,8).[3]

A linguagem do Evangelho é dura, carrega consigo o escândalo da cruz, do amor sem limites, mas não engana. Ela, de fato, é o crivo para definir se somos ou não de Cristo. Nele obtemos a *vida nova* que "inclui a alegria de comer juntos, o entusiasmo para progredir, o gosto de trabalhar e de aprender, a alegria de servir a quem necessite de nós, o contato com a natureza, o entusiasmo dos projetos comunitários, o prazer de uma sexualidade vivida segundo o Evangelho, e todas as coisas com as quais o Pai nos presenteia como sinais de seu sincero amor".[4]

O Papa Francisco, com simplicidade e despojamento, num curto espaço de tempo encantou o mundo e atraiu a atenção de quantos indiferentes à fé. E para os três milhões de fiéis na missa da Jornada Mundial da Juventude na cidade do Rio de Janeiro fez referência ao versículo: "Ide, pois, fazer discípulos entre todas as nações, e batizai-os..." (Mt 28,19). Daí completou:

> Compartilhar a experiência da fé, dar testemunho da fé, anunciar o Evangelho é o mandato que o Senhor confia a toda a Igreja, e também a você; é um mandato que não nasce da vontade de domínio, da vontade de poder, e sim da força do amor, do fato de que Jesus veio antes a nós e nos deu, não algo de si, mas nos deu ele todo, ele deu sua vida para nos salvar e mostrar-nos o amor e a misericórdia de Deus.[5]

> "Não tenham medo!" Quando vamos anunciar Cristo, é ele mesmo quem vai à frente e nos guia [...]. Jesus não nos deixa sozinhos, nunca deixa ninguém sozinho! Sempre nos acompanha! Além disso, Jesus não disse: "Vai" (tu), mas "Ide" (vós): somos enviados juntos [...]. Quando juntos enfrentamos os desafios, então somos fortes, descobrimos recursos que pensávamos que não tínhamos. Jesus não chamou os apóstolos para que vivam isolados, chamou-os para formar um grupo, uma comunidade.[6]

---

[3] *Documento de Aparecida*, n. 145.
[4] *Documento de Aparecida*, n. 356.
[5] FRANCISCO. Santa Missa para a XXVIII Jornada Mundial da Juventude. In: *Palavras do Papa Francisco no Brasil*, p. 122.
[6] Ibid., p. 124.

Anúncio de salvação

> Sejamos explícitos em anunciar o acontecimento atual de graça que nos alcança por meio do anúncio da pessoa, da missão e da salvação em Jesus Cristo. *Que fique claro que somos herdeiros dessa promessa de graça e temos a mesma atitude de fé daqueles que a escutaram pela primeira vez.*

Todas as vezes que proclamamos um texto da Sagrada Escritura, fazemos ecoar no tempo a ação salvadora de Deus. A fé é alimentada pela descoberta e pela memória do Deus sempre fiel, que guia a história e que é o fundamento seguro e estável sobre o qual construir a própria vida. Os judeus chamam isso de memorial, uma palavra que possui o grande significado de fazer referência ao passado, envolver o presente mediante o compromisso da celebração, da conversão, da fé, do louvor. A memória bíblica abraça todo o conjunto de acontecimentos do passado em que se encontram comprometidos Deus e o povo. Ambos se fazem presentes renovando essa relação e projetando esse acontecimento para o futuro.[7]

---

[7] Cf. LATORRE, Jordi. *Modelos bíblicos de oração*: herança do Antigo Testamento na Liturgia. São Paulo: Paulinas, 2011. p. 69.

Ao longo do Antigo Testamento, o Povo de Deus continuamente recordou a ação maravilhosa do Senhor durante o êxodo do Egito até chegar à terra prometida. A memória dessa passagem/Páscoa gerava esperança, força de luta, resistência no sofrimento e abria perspectivas para o futuro.

O que Jesus anuncia? O que ele é enquanto Filho de Deus e o que ele produz de transformação definitiva na história humana torna-se a Boa-Nova da qual é portador. Por isso, sua missão é anunciar indistintamente a todos essa nova realidade instaurada: "o Reino de Deus chegou". Oferecida pessoal e gratuitamente, a Boa-Nova constitui o maior tesouro que guardamos, o qual nem a morte é capaz de roubá-lo; ao contrário, é o passaporte para vencermos o mal e alcançarmos a eternidade da plena comunhão com o Senhor.

Jesus na sinagoga de Nazaré, ao proclamar a profecia de Isaías 61,1; 29,18, diz claramente o que implica o anúncio da Boa-Nova: "O Espírito do Senhor está sobre mim, pois ele me ungiu, para anunciar a Boa-Nova aos pobres: enviou-me para proclamar a libertação aos presos e, aos cegos, a recuperação da vista; para dar liberdade aos oprimidos e proclamar um ano aceito da parte do Senhor" (Lc 4,18-19). A Boa-Nova é, justamente, essa série de ações que a tornam um acontecimento de graça na vida de quem a abraça. A plenitude humana requer a superação de toda cegueira e prisão que tolhem a liberdade e a capacidade de nos realizarmos com autonomia e dignidade.

Jesus, herdeiro dessa tradição, proclamou várias vezes que nele se cumpriam as promessas de Deus: "Hoje se cumpriu esta passagem da Escritura que acabastes de ouvir" (Lc 4,21). Igualmente seus milagres, exorcismos e bênçãos demonstram sua origem divina e a instauração de uma nova ordem, pois o Reino de Deus já chegou entre nós (cf. Mc 1,14).

Como aconteceu com Zaqueu, o qual se converteu e levou Jesus a proclamar: "Hoje a salvação entrou nesta casa"; ou mediante a fé do bom ladrão que clamou pela salvação, e Jesus lhe declarou: "Hoje, estarás comigo no paraíso". A memória bíblica torna atual o acontecimento salvífico para aqueles que acolhem o dom de Deus em suas vidas e, por isso, podemos agora reconhecer essa Palavra dirigida diretamente a nós: "Levanta-te [...] e anda" (Jo 5,8); "teus pecados te são perdoados" (Mc 2,9). Como para o filho da viúva da cidade de Naim: "Jovem, eu te digo, levanta-te" (Lc 7,14), o mesmo disse à filha de Jairo (Mc 5,41).

Esse anúncio é proposto à aceitação daquele que escuta não como fato passado, mas plenamente atual, capaz de inserir o ouvinte na continuidade da única história da salvação, conduzida durante o tempo da Igreja pelo mesmo Espírito Santo. Pelo nome de Jesus se faz atual a obra da salvação que comunica sua vitória de Senhor ressuscitado e fonte do Espírito Santo.[8]

> A revelação torna-se compreendida como um evento [...] *performativo* porque, no encontro, a Palavra se torna evento, realidade transformadora e, por isso mesmo, ela recria e conduz à salvação quem a ela se abre, pela escuta. Assim, a Palavra de Deus – conforme o significado do hebraico *dabar* – é compreendida como *palavra* e *ação* divina, de forma inseparável. É por esse motivo que, na história da salvação, não há separação entre o que Deus *diz* e *faz*; a sua própria Palavra apresenta-se como viva e eficaz (cf. Hb 4,12).[9]

A Palavra age, converte e produz o que promete. Essa eficácia, própria dela, nos autoriza a pregar sem medo de exageros, porque é ela quem age, sem depender diretamente de nossa santidade. Claro que nosso testemunho confere credibilidade às nossas palavras. Mas, em primeiro lugar, a eficácia é da Palavra.

Vamos, então, pegar com as duas mãos a oferta de salvação que nos é apresentada, sem mérito nenhum de nossa parte, pois é pura gratuidade do Senhor, que não quer a morte do pecador, e sim que ele se converta e viva! (cf. Ez 18,23).

Testemunho

Jesus, ao partir para o Pai, deixou-nos o Consolador, como dom de fortaleza para proteger e cuidar dos discípulos atemorizados pela cruz e ao mesmo tempo espantados com a ressurreição. "Mas recebereis o poder do Espírito Santo que virá sobre vós, para serdes minhas testemunhas em Jerusalém, por toda a Judeia e Samaria, e até os confins da terra" (At 1,8). Viver a fé é a aventura de crer no Senhor e ser conduzido por seu Espírito.

---

[8] Cf. MORLANS, Xavier. *El primer anuncio*, p. 44.
[9] Ibid., n. 10.

Anúncio e testemunho vão lado a lado. Com firmeza, o Papa Bento XVI nos convida a testemunhar a necessidade de Deus em nossa vida, como Aquele que lhe dá sentido e ocupa o seu centro.

> "Comunicar a fé, para São Paulo, não significa levar a si mesmo, mas dizer abertamente e publicamente aquilo que viu e sentiu no encontro com Cristo, quanto experimentou na sua existência já transformada por aquele encontro: é levar aquele Jesus que sente presente em si mesmo e tornou-se o verdadeiro sentido de sua vida, para fazer entender a todos que ele é necessário para o mundo e é decisivo para a liberdade de cada homem. O Apóstolo não se contenta em proclamar por palavras, mas envolve toda a própria existência na grande obra da fé. Para falar de Deus, é necessário dar-lhe espaço, confiantes de que é ele que age na nossa fraqueza: dar-lhe espaço sem medo, com simplicidade e alegria, na convicção profunda de que, quanto mais colocamos no centro, ele e não nós, mais a nossa comunicação será frutífera" (cf. 1Cor 2,1-2).[10]

O papel de testemunhas e ministros dado aos apóstolos na comunidade cristã nos conduz diretamente ao exemplo de vida e ao anúncio corajoso da Palavra no meio de nossa sociedade. Entendemos que anunciar a fé faz parte integrante de nosso ser cristão. Por isso, temos que pessoalmente nos apropriar da Palavra; desenvolver o gosto de ler individualmente e de celebrá-la na liturgia da Igreja.

O missionário há que estar atento para perceber a dinâmica da fé orientando suas atitudes e transformando sua vida para ser capaz de propor essa fé que o salvou. Trata-se de uma proclamação viva de caráter testemunhal, que demonstra que a misericórdia e a graça, primeiramente, o alcançaram e o uniram intimamente à Trindade Santa. Se nós cremos e vivemos pela fé: "Não podemos deixar de falar sobre o que vimos e ouvimos" (At 4,20).

Somente no horizonte de uma vida pautada pelo seguimento de Cristo e pelo anúncio do seu nome é que o testemunho do cristão pode

---

[10] BENTO XVI. *Catequeses sobre a fé*: como falar de Deus. 29/11/2012.

se tornar crível e despertar outros para o mesmo seguimento. Portanto, a ação evangelizadora da Igreja precisa qualificar-se na escola do discipulado e da missão.[11]

Façamos um inventário dos testemunhos de santidade de nossa comunidade. Silenciosamente e com sabedoria evangélica, as pessoas simples nos propõem o evangelho vivido com doação, solidariedade e dom de si.

Lembremos o vicentino que visitou uma família pobre: o marido pedreiro e a mulher muito doente tinham seis filhos entre seis e quinze anos. No primeiro encontro, a mãe incumbiu o vicentino de batizar e ser padrinho da menina de seis anos.

Na segunda visita, a mulher já tinha falecido e o pai, desesperado, não sabia o que fazer com os filhos, pois tinha que sair para trabalhar; acabou lhe entregando a afilhada para que a criasse em sua casa.

Esse vicentino, já aposentado, tinha a esposa e um casal de filhos estudantes na faculdade, na casa dos vinte e poucos anos. Levar aquela garota para casa significava começar tudo de novo. Ele e a esposa, mulher de fé e presente na comunidade, não hesitaram.

Sejamos capazes de testemunhar a atualidade da redenção, pois o que anunciamos é o que experimentamos e, pelo menos, procuramos viver, apesar de nossos pecados e limitações. *Sem dar voltas, não nos intimidemos e sejamos os primeiros anunciadores desse amor diante de tudo o que o Senhor nos deu ao longo de nossa vida.*

> "Não devemos esquecer que um caminho para o conhecimento e para o encontro com Deus é a vida de fé. Quem acredita está unido com Deus, aberto à sua graça, ao poder do amor. Assim, a sua existência se torna testemunha não de si mesma, e sim do Ressuscitado, e a sua fé não tem medo de se mostrar na vida cotidiana, de se abrir ao diálogo que expressa profunda amizade pela estrada de cada homem, e sabe acender luzes de esperança aos precisados de resgate, de futuro e de felicidade."[12]

---

[11] Cf. *Documento de Aparecida*, n. 170.
[12] BENTO XVI. *O Ano da Fé: os caminhos para chegar ao conhecimento de Deus*. Audiência Geral. 14/11/2012.

8 Iniciação cristã e querigma[1]

O querigma se destina a todos que não conhecem a Boa-Nova do Senhor. Prioritariamente, os adultos que não tiveram vida de fé na Igreja, foram batizados quando crianças e não foram evangelizados. Por isso, não receberam os sacramentos da Penitência, Confirmação e/ou Eucaristia. Estes constituem o maior desafio da Igreja do Brasil. A catequese de iniciação cristã igualmente se estende às famílias das crianças e adolescentes de nossa catequese paroquial, visto que os responsáveis se acham despreparados para acompanhar os filhos. Esses adultos são profissionais capacitados, adquiriram maturidade nas relações afetivas e pessoais, porém a identidade de fé cristã ainda permanece infantil, sem alcançar o Deus libertador anunciado por Jesus Cristo.

Vemos que a família em geral perdeu a capacidade de evangelizar minimamente seus membros. No fim de uma missa dominical, um garoto de doze anos foi homenageado por seu aniversário. O padre, depois de uma oração, apresentou-lhe uma cruz e o convidou a beijá-la e a fazer o sinal da cruz. O garoto foi capaz de beijá-la, porém, não teve a menor noção do que era fazer esse sinal. Diante dos pais, fazia um gesto mais atrapalhado do que o outro.

Sendo assim, ultimamente os documentos eclesiais são unânimes em apontar a catequese catecumenal como o método mais indicado para a iniciação cristã de adultos e de crianças devido ao cenário de pluralidade e desconhecimento da fé de hoje em dia. Os bispos da América Latina e Caribe reunidos em Aparecida assumiram o modelo catecumenal como o mais indicado para a evangelização no continente. Ao tratar da iniciação cristã, constatam que se encontra pobre e fragmentada e a recolocam nos marcos do catecumenato.

Na prática, isso significa tomar *a pedagogia do Batismo de adultos como o protótipo da catequese* e não continuarmos cegamente sem alterar a prática fragmentada da catequese por idades, a partir do Batismo

---

[1] Este capítulo recebeu a colaboração da coordenadora da Iniciação Cristã de Jovens e Adultos da Arquidiocese do Rio de Janeiro: Irmã Lúcia Imaculada, da Congregação de Nossa Senhora de Belém.

de crianças. Se priorizarmos a pedagogia da iniciação cristã de adultos, aí o querigma terá o seu lugar como elemento fundamental e primeiro de conversão.

A opção dos bispos em Aparecida é clara: "Sentimos a urgência de desenvolver em nossas comunidades um processo de iniciação na vida cristã que comece pelo *querigma* e que, guiado pela Palavra de Deus, conduza a um encontro pessoal, cada vez maior, com Jesus Cristo, experimentado como plenitude da humanidade e que leve à conversão, ao seguimento em uma comunidade eclesial e a um amadurecimento da fé na prática dos sacramentos, do serviço e da missão".[2]

A pedagogia catecumenal está prevista no *Ritual de Iniciação Cristã de Adultos* e disposta em tempos e etapas. O primeiro tempo, chamado pré-catecumenato, contempla o anúncio do querigma (nn. 7a e 9-13). O querigma é tratado não isoladamente, mas como ponto de partida essencial da catequese. Nessa mesma direção, o *Documento de Aparecida* analisa que: "O querigma não é somente o tempo de uma fase, mas o fio condutor de um processo e só a partir dele acontece a possibilidade de uma iniciação cristã verdadeira".[3]

Por isso, o anúncio urgente da centralidade e experiência da fé em Jesus Cristo deverá percorrer toda a catequese de forma convicta e testemunhal, e não se restringir unicamente ao catecumenato dos adultos; e especialmente, a catequese com os pais e responsáveis deverá se ocupar dele.

É importante fortalecermos o processo proposto pelo *Ritual da Iniciação Cristã de Adultos*, no qual encontramos quatro tempos (pré-catecumenato, catecumenato, purificação e iluminação ou mistagogia), como características metodológicas diferenciadas, de modo a garantir a característica de progressividade própria de cada tempo neste processo.

Pré-catecumenato

Sabemos que, nos dias de hoje, a fé daqueles que se aproximam da comunidade eclesial não pode ser mais *suposta* como firme e escla-

---

[2] *Documento de Aparecida*, n. 289.
[3] *Documento de Aparecida*, n. 278a.

recida. Por outro lado, não há mais clima para uma fé *imposta*. É preciso de nossa parte apresentar-lhes a *proposta* de uma fé cada vez mais esclarecida, celebrada e vivenciada, a fim de gerar uma *resposta* livre e consciente para levar ao encontro vital com Jesus e sua Igreja.

Essa fase inicial de evangelização se propõe, basicamente: em nome da Igreja, a *acolher* bem aquele que se aproxima; a proporcionar-lhe o encontro pessoal com Jesus Cristo com o *anúncio decisivo do querigma* e a obter sua *resposta de adesão* corajosa ao projeto de Jesus Cristo. Essa fase é uma experiência viva da presença do Espírito e de comunhão no amor com o Pai e o Filho.

Tempo propício à evangelização, de aproximação do simpatizante com a pessoa de Jesus através do contato com a Palavra de Deus, do testemunho do introdutor e da vida da comunidade eclesial. É necessário assumir uma postura de escuta e apresentação da vida cristã.

O entrelaçamento da acolhida, do diálogo e da prece apresentará ao simpatizante o rosto da Igreja, e que a salvação não é uma ideologia. A Igreja vive o transcendente e pode expressá-lo em suas atitudes com um testemunho convicto, a ponto de o simpatizante tomar uma decisão fundamental em sua vida.

Acolhida

Esse tempo privilegia as relações humanas calorosas, encontro real de amizade humana e tudo aquilo que seja expressão da acolhida da Igreja que valoriza quem vem ao seu encontro. O querigma é o anúncio propriamente dito, mas não nos esqueçamos de que nossos gestos falam mais do que as palavras. Se nos colocamos na posição daquelas pessoas que se aproximam de nossas comunidades ou, melhor ainda, daquelas a quem vamos ao encontro, necessariamente, a forma do encontro e da acolhida que lhes proporcionamos será decisiva para desenvolvermos o anúncio. Como acolhemos as pessoas é o que faz a diferença e determina como vão ser as coisas de agora em diante.

Quando o catequista acolhe alguém, *não* o faz em seu nome pessoal ou por qualquer outro tipo de sentimento, mas unicamente em nome de Cristo e da Igreja. Procura superar as "aparências" e colocar a missão em primeiro lugar. Porque quem antes o chamou para a realização de algum trabalho foi Cristo. E Cristo pede o mesmo a ele.

Vimos que a Pastoral da Acolhida está vinculada à Pastoral da Visitação; trata-se de um único movimento da comunidade missionária que traz para junto de si as pessoas afastadas para apresentar a elas um caminho de amadurecimento da fé.

Sejamos os primeiros a facilitar-lhes a vida, a multiplicar gestos que valorizem sua presença, a dar atenção às suas inquietações e perguntas! Pessoalmente, é mais fácil isolar-se e tornar o outro invisível. Nossas comunidades cristãs ressentem-se de ser mais acolhedoras. Tal dimensão deve-se manifestar em todas as dimensões de nossa vida e das atividades da comunidade. Lembremo-nos de que acolher bem já é o primeiro passo para anunciar o Evangelho e as nossas atitudes são a porta de entrada para a fé de muitos cristãos afastados e arredios da Igreja.

Para o agente, acolher significa ir ao encontro da situação do outro com a disposição de compreender seus pontos de vista, suas inquietações e dúvidas, e, sem julgamento prévio, fundamentalmente ouvi-lo. A solidariedade fica bem em todo momento e se manifesta pela nossa presença, cuidado e atenção.

Normalmente, os adultos que são alvos da iniciação cristã temem a burocracia de nossas paróquias. De nossa parte, procuremos ter bem clara nossa proposta de catequese e nos informar sobre os impedimentos de algumas situações. Mais que dificultar, nosso papel será de facilitar sem omitir. Muitos catequistas se surpreenderão ao perceber que muitos pais e adultos não participam das missas ou da comunidade devido ao "medo", à insegurança que têm de, ao se aproximarem, ser excluídos ou rejeitados pelas irregularidades de suas vidas.

Nada justifica os preconceitos, as agressões, as exclusões dentro das comunidades que se dizem anunciadoras do Evangelho. Mesmo que as pessoas se achem numa situação "irregular", é preciso encontrar uma solução. Tijolos servem para construir paredes, mas também servem para construir pontes... Nenhuma ovelha, mesmo aquela que apresenta problemas, pode ficar fora do rebanho!

Nos casos de pessoas co-habitando em segunda união, que desejam receber os sacramentos da Penitência, Confirmação ou Eucaristia, há que encaminhá-las para conversar com o pároco. Em muitos casos, podem surgir legitimamente dúvidas sobre a validade do Matrimônio sacramental contraído, e dever-se-á fazer todo o necessário para verificar o fundamento de tais dúvidas, procurando-se o Tribunal Eclesiástico competente. Lembrando-se de que cada caso deverá ser tratado individualmente, é fundamental o encontro pessoal com o pároco.

Mesmo diante desse impedimento para os sacramentos, há de ressaltar que esses casais são bem-vindos na comunidade, e que a catequese com adultos, no caso, o catecumenato pós-batismal, é de grande valia para o conhecimento da Palavra de Deus, a convivência fraterna na comunidade de fé e a oração em comum. Estão privados dos sacramentos, porém não do conforto da vida de fé na comunidade.

Bento XVI, na Exortação Apostólica *Sacramentum Caritatis*, n. 29, lembra:

> Todavia, os divorciados recasados, não obstante a sua situação, continuam a pertencer à Igreja, que os acompanha com especial solicitude na esperança de que cultivem, quanto possível, um estilo cristão de vida, através da participação na Santa Missa, ainda que sem receber a comunhão, da escuta da Palavra de Deus, da adoração eucarística, da oração, da cooperação na vida comunitária, do diálogo franco com sacerdote ou um mestre de vida espiritual, da dedicação ao serviço da caridade, das obras de penitência, do empenho na educação dos filhos.

Em todas essas situações diferenciadas de configuração familiar uma coisa não mudou: que ninguém se sinta sem família, seja qual for o modelo. O acompanhamento e a participação das famílias na comunidade continuam fundamentais. Cabe criar na família um ambiente animado pelo amor e pela piedade em direção a Deus e aos seres humanos, que favoreça a educação integral, pessoal e social dos filhos. "Sem se esquecer que os pilares da vida e espiritualidade familiar são o diálogo, o afeto, o perdão e a oração, que são expressões do amor conjugal e familiar."[4]

Querigma

O pré-catecumenato é um tempo de acolhimento, de escuta e de diálogo, de anúncio da Boa-Nova de Jesus Cristo – tempo de apresentar Jesus como a fonte de todo o bem e de toda a graça, que nos liberta do mal e nos leva a experimentar o amor do Pai pela ação do Espírito Santo.[5]

---

[4] CNBB. *Diretrizes Gerais da Ação Evangelizadora da Igreja no Brasil – 2008-2010*, n. 130.
[5] ARQUIDIOCESE DO RIO DE JANEIRO. *Diretório Arquidiocesano da Iniciação Cristã*, 2. ed., 2010, n. 117.

O pré-catecumenato é o tempo de anunciar o querigma, partindo de temas ligados à vivência do simpatizante, e percorrer os grandes acontecimentos da história da salvação:

- o amor de Deus nosso Pai e Criador de todas as coisas;
- a rejeição deste amor pelo pecado; suas consequências e a promessa da salvação;
- a encarnação de Jesus como maior prova do amor de Deus por nós;
- a realização da promessa pela vida, morte e ressurreição de Jesus;
- a vinda do Espírito Santo que nos faz experimentar o amor de Deus;
- a vida em comunidade: união dos que creem no Cristo e, movidos por seu Espírito, querem ser seus discípulos e missionários.

O *Documento de Aparecida* afirma que, sem o querigma, os demais aspectos deste processo estão condenados à esterilidade, sem corações verdadeiramente convertidos ao Senhor. Só a partir do querigma acontece a possibilidade de uma iniciação cristã verdadeira. Por isso, a Igreja precisa tê-lo presente em todas as suas ações.[6]

Portanto, o querigma pode ser identificado por três elementos:

- o ato de comunicar em nome de Jesus por parte do arauto (apóstolo, profeta, mestre, evangelizador);
- uma mensagem ou conteúdo (proclamar o nome de Jesus);
- o acontecimento de salvação pelo nome de Jesus de todo aquele que acolhe com fé e conversão.

O ponto crucial deste anúncio é que ele não é feito por mestres, mas por testemunhas, que já tiveram seu encontro de fé com o Senhor e decidiram aderir a ele como Caminho, Verdade e Vida. "Os apóstolos não são repetidores tão somente do que o Divino Mestre ensinou, mas discípulos que testemunham com a própria vida seus ensinamentos. O Senhor não precisa de propagandistas, mas de discípulos" (Me. Maria Helena Cavalcanti).

---

[6] *Documento de Aparecida*, n. 278.

Conversão[7]

Essa fase destina-se a motivar o candidato a mudar de vida e entrar em relação pessoal com Deus.[8] No pré-catecumenato, a fé e a conversão iniciais suscitadas pelo anúncio firme da salvação em Cristo servem para amadurecer a vontade sincera de seguir a Cristo e pedir o Batismo.

Há que abandonar os hábitos antigos para acolher a vida nova na fé oferecida pelos sacramentos; a resposta livre de conversão e fé é motivada pelo Espírito Santo, que abre os corações.[9] A gratuidade da salvação antecede a resposta; o dom da graça, oferecido pelo anúncio da Palavra, é preveniente ao compromisso sempre limitado da pessoa de seguir os mandamentos.

Ministério do introdutor

É neste tempo que a figura do introdutor surge não como uma novidade, mas como uma nova maneira de atuar. O *Ritual de Iniciação Cristã de Adultos*, em seu número 42, apresenta da seguinte maneira a figura do introdutor: "O candidato que solicita sua admissão entre os catecúmenos é acompanhado por um introdutor, homem ou mulher, que o conhece, ajuda e é testemunha dos seus costumes, fé e de seu desejo".

Antes de começar o catecumenato, a comunidade deve tomar providências para formar seu grupo de introdutores por um determinado período. Trata-se de um ministério que se parece ao do orientador espiritual, que escuta ativamente, sabe aconselhar, animar e, sobretudo, dá testemunho de vivência da fé.

O grupo de introdutores se enriquece quando seus membros são participantes das diversas pastorais e movimentos paroquiais, visto que um dos objetivos do trabalho do introdutor é o estreitamento de laços do candidato com a comunidade, a fim de dar-lhe maior segurança e força para o início de sua caminhada cristã.

Muito podem se perguntar: onde encontraremos pessoas capacitadas para serem introdutoras na fé? Estas pessoas já estão e atuam em nossas comunidades de maneira espontânea. Talvez falte, de nossa parte, um reconhecimento e uma maneira de lhes dar maior visibilidade para o exercício de seu ministério.

---

[7] Cf. o capítulo: Fé e conversão.
[8] *Ritual de Iniciação Cristã de Adultos*, nn. 7a.9-13.
[9] Cf. *Ritual de Iniciação Cristã de Adultos*, n. 9.

Podemos nos lembrar de pessoas que amam Jesus e sua Igreja de tal forma que, mesmo sem estar numa turma de catequese, sabem acolher, orientar na fé e inserir na comunidade. De certa forma, elas conduzem outros à vida de fé. Então, se elas têm este dom de introduzir pessoas na vida cristã, podemos chamá-las de introdutoras.

No catecumenato pós-batismal com adultos, o introdutor é alguém mais experiente na vida de fé que, partilhando sua própria experiência com o candidato, vai ajudá-lo a estabelecer uma relação pessoal com Deus e com a comunidade. Será aquele amigo que conversará particularmente com o candidato, escutará sua história de vida, seus anseios e projetos. Anuncia o querigma, auxilia na descoberta pessoal da Boa-Nova e acompanha o processo de conversão. Também o ajudará a dar os primeiros passos na vida de comunidade e o acompanhará no crescimento de sua oração. Fundamentalmente é alguém próximo que escuta, acompanha e testemunha a grandeza e a força da fé na vida da pessoa.

O grupo de introdutores não formará uma nova pastoral na paróquia, mas atuará dentro de sua própria pastoral ou de seu movimento.

Voltando à forma de como encontrar pessoas para serem introdutoras, será interessante indicá-las numa reunião do conselho pastoral com o pároco e os coordenadores de pastorais e movimentos.

Feita a escolha, e após o convite do pároco e do coordenador da equipe da iniciação à vida cristã, os futuros introdutores participarão de alguns encontros formativos. Tais encontros têm como finalidade familiarizar os futuros introdutores com o processo catecumenal.

O acompanhamento espiritual dado pelos introdutores, no início da caminhada de fé, tem as seguintes finalidades:

- favorecer a atuação do Espírito Santo, que realiza a iniciação da pessoa na vida de Cristo e da Igreja;
- ajudar na compreensão do Evangelho e na adesão à pessoa de Jesus Cristo;
- estimular a pessoa no processo de conversão e vivência do Evangelho;
- clarear, motivar e orientar a leitura bíblica e a oração pessoal.[10]

---

[10] Sobre o introdutor: ARQUIDIOCESE DO RIO DE JANEIRO. *Diretório Arquidiocesano da Iniciação Cristã*, nn. 10, 22, 119-120, 124-125.

Formação dos introdutores

Cabe enfatizar a importância da formação humana e integral dos introdutores nos aspectos bíblico, teológico, litúrgico e metodológico. É, certamente, na comunidade eclesial, pela leitura da Palavra de Deus e estudo do *Catecismo da Igreja Católica*, que encontrarão as melhores condições para seu crescimento humano e fortalecimento de sua identidade cristã. Cabe ressaltar a necessidade da vivência comunitária, na partilha junto ao grupo de catequistas, na troca de experiências, no entrosamento com as demais pastorais e no planejamento conjunto de atividades e ações, durante todo o processo catecumenal.

Uma vez escolhidos, os introdutores recebem formação específica, que pode ser feita tanto pela comunidade paroquial quanto em âmbito forâneo ou vicarial e abrange os seguintes temas:

- a pessoa, a mensagem e a missão de Jesus Cristo;
- a meta da Iniciação Cristã: onde queremos chegar;
- o *Ritual de Iniciação Cristã de Adultos* (RICA);
- o acompanhamento espiritual e a atitude do introdutor;
- a Sagrada Escritura, com aprofundamento especial no Evangelho de São Marcos que, por apresentar a pessoa de Jesus, também é conhecido como o Evangelho dos Catecúmenos.[11]

Esta formação inicial pode envolver não apenas os introdutores, mas também catequistas e coordenadores de pastorais e movimentos, de modo que todos possam se conhecer e ter os contatos (telefone, e-mail, facebook) uns dos outros, para a indicação dos simpatizantes que procurarem a paróquia.

Metodologia

Mas como o introdutor deverá atuar nos encontros com os catequizandos?

Ao longo do acompanhamento e, em cada conversa, os introdutores:

---

[11] *Diretório Arquidiocesano da Iniciação Cristã,* n. 26, p. 22. No anexo, trazemos uma catequese sobre este Evangelho.

- começam e terminam cada conversa com uma oração conhecida e preces espontâneas;
- assumem uma atitude de abertura e simpatia para com a pessoa acompanhada;
- interessam-se por aquilo que a pessoa fala de si e de sua vida e, com a ajuda da graça, procuram iluminar tais situações com a Palavra de Deus, indicando e/ou partilhando passagens bíblicas apropriadas;
- falam sempre com simplicidade, evitando dar "lição de moral" e todo tipo de sentimento de superioridade.[12]

É importante o introdutor saber a noção que a pessoa tem sobre Deus e que tipo de relacionamento espiritual desenvolve; se já frequentou outros grupos religiosos; como costuma rezar; se tem o hábito de ler a Bíblia (se não tiver, é uma boa oportunidade de providenciar este grande presente); o que a levou a procurar os sacramentos da iniciação cristã, entre outras coisas.

Nessa fase o querigma deverá partir "da própria situação religiosa dos catequizandos, para um progressivo caminho de fé: sua história pessoal de busca de Deus, suas experiências anteriores com a catequese ou com o evangelho, sua visão de mundo, seu maior menor contato anterior com a Igreja".[13]

Hoje, apesar de viverem próximas, as pessoas têm necessidade de serem ouvidas; de falarem sobre sua vida, seu trabalho, sua casa, suas angústias, seus planos para o futuro. Há que acolher a pessoa com *a ternura do abraço do Pai que supera qualquer barreira erguida pelo sofrimento e vence toda distância do preconceito ou discriminação.*

Daí apresentamos o Deus vivo de Jesus Cristo que realiza suas promessas e insere o catequizando na continuidade da única história da salvação na força do Espírito Santo. Esse tempo considera o primeiro movimento de a pessoa passar do pecado para o mistério do amor de Deus. A pessoa é chamada a viver com um sentido cristão, a aprender a

---

[12] *Diretório Arquidiocesano da Iniciação Cristã*, n. 130, p. 51.
[13] CNBB. *Com adultos, catequese adulta*. Texto-base elaborado por ocasião da 2a Semana Brasileira de Catequese. São Paulo: Paulus, 2001. (Estudos CNBB 155).

conhecer a Cristo como aquele que "satisfaz e até supera infinitamente a todas as suas expectativas espirituais".[14]

Por isso a equipe coordenadora do processo catecumenal levará em conta as situações e circunstâncias que vivem os adultos. Antes de tudo, cada encontro é um momento de partilha em comum da mesma fé vivida pelo catequista e pelo adulto. Recordemos que muitos deles tiveram vivências de fé que ultrapassam nossas próprias experiências; apresentam atitudes e critérios evangélicos capazes de evangelizar quem anuncia. O que lhes falta, muitas vezes, é tomar consciência e organizar seu modo de ver a vida à luz do evangelho de Cristo.

> Eles não sejam considerados simples destinatários, mas interlocutores de nossa proposta de fé. É uma catequese feita de partilha de saberes, experiências e iniciativas, em que ambos os lados criam laços (catequistas e catequizandos), buscam, ensinam, aprendem e vivenciam a vida cristã.[15]

O desafio apresentado por esse destinatário é maior porque requer que a própria catequese seja adulta; precisam de uma conversa à altura de suas necessidades, de sua visão de mundo, de suas questões existenciais de adultos. Por sua vez, o introdutor acompanha o adulto, mas não interfere na sua independência; incita sua curiosidade, mas não lhe dá respostas prontas ou desconsidera seus pontos de vista. A intervenção do adulto garante a participação e é exercício de avaliação crítica do conteúdo apresentado. "O catequista, ao evangelizar, é evangelizado; enquanto dá, recebe; enquanto faz os outros caminharem na fé, dá largos passos no crescimento da própria fé."[16]

Acompanhamento individual

Na época de maior procura ou em qualquer época do ano, a secretaria paroquial e a coordenação do grupo de iniciação à vida cristã de jovens e adultos entrarão em contato com os introdutores para que eles possam realizar este ministério de evangelização.

---

[14] *Ritual de Iniciação Cristã de Adultos*, n. 9.
[15] CNBB. *Com adultos, catequese adulta*, cit., n. 150.
[16] CNBB. *Formação dos catequistas*: critérios pastorais. São Paulo: Paulus, 1990. n. 76. (Estudos CNBB 59).

Neste processo:

- o adulto é acolhido e acompanhado da maneira mais pessoal possível;
- cada adulto tem a sua própria história, sua situação particular, que indicará o itinerário mais adequado;
- após avaliação da equipe, o adulto é consultado sobre sua disposição de passar para o próximo tempo.[17]

Ao acolher e acompanhar jovens e adultos, no tempo do pré-catecumenato, o ideal é que o atendimento seja individual, especialmente para os não batizados, mas, na impossibilidade de se ter um introdutor para cada "simpatizante", este deve ser inserido em um grupo de, se possível, no máximo seis pessoas, com o qual tenha maior afinidade, seja por grau de caminhada, faixa etária, estado civil ou outros critérios estabelecidos pela paróquia.[18]

Precisamos resgatar a prática de acompanhar pessoalmente cada cristão que deseja ser iniciado na fé. Pouco se tem feito nesse sentido e nem sempre se consegue fugir do atendimento de massas. É preciso personalizar a formação, caso contrário, o resultado dificilmente será a inserção na Igreja. No meio do caminho aparecem muitas dúvidas e preocupações, há angústias e esperanças e muitas alegrias que precisam ser partilhadas; por isso, a função do introdutor é fundamental.

Será interessante também ter uma ficha com os dados pessoais do catequizando e, nela, acrescentar informações que possam ser úteis ao futuro catequista, tais como: dados sobre a vida pessoal (família, estudo e trabalho), dúvidas e experiências de fé, além da motivação que levou o catequizando a buscar a comunidade eclesial. Muito ajuda elaborar, em atitude de acolhimento, fraternidade e respeito, o histórico religioso do candidato, identificando especialmente os aspectos de proximidade e de distanciamento entre as crenças pessoais e o que Jesus ensinou e a Igreja transmite.[19] Por isso, faz-se necessário uma ou mais reunião entre introdutores e catequistas, para conhecimento destes irmãos e irmãs,

---

[17] *Diretório Arquidiocesano da Iniciação Cristã*, n. 11, p. 17.
[18] Ibid., n. 124, p. 49.
[19] Ibid., n. 133, p. 52.

além de colaborar na formação futura dos grupos que farão o catecumenato juntos.

Como se pode perceber, o tempo do pré-catecumenato tem como metodologia o serviço de escuta, discernimento e oração, a partir da Palavra de Deus. Não deve ser encarado como instrução catequética, este é próprio do tempo do catecumenato.

> [...] seja mais testemunho alegre do acontecimento salvífico do que argumento ou conferência. Adquire enquanto ato de comunicação um caráter testemunhal, de declaração enfática, à maneira da confissão entusiasta, convencida e convincente, ato que requer valentia e audácia.[20]

Enfim, introdutores e catequistas tudo farão para que os catequizandos sintam-se amados por Deus, acolhidos pela comunidade e motivados a iniciar o itinerário. Quanto mais personalizado for o acompanhamento, mais solidificado será o início do processo catecumenal.[21]

O *Ritual de Iniciação Cristã de Adultos* recomenda que o mesmo padrinho do Batismo faça o papel de introdutor para aqueles que já foram batizados; já "o candidato que solicita sua admissão entre os catecúmenos é acompanhado por um introdutor, homem ou mulher, que o conhece, ajuda e é testemunha de seus costumes, fé e desejo" (n. 42).

De fato, quando é celebrada a entrada no catecumenato, cada um tem seu introdutor ou introdutora (n. 71). Participam antecipadamente, junto com os ministros ordenados e catequistas, da avaliação das disposições do candidato (n. 16). Na celebração, quem preside pergunta aos introdutores e à comunidade se estão "dispostos a ajudá-los a encontrar e seguir o Cristo" (n. 77). Depois de se comprometerem, fazem o sinal da cruz sobre eles (n. 83).

---

[20] Retamales, Santiago Silva. *A proclamação do Kerygma segundo o Novo Testamento*, 2006, p. 19.

[21] *Diretório Arquidiocesano da Iniciação Cristã*, n. 118, p. 48.

O Evangelho segundo Marcos

Os quatro Evangelhos e muitos textos do Novo Testamento podem ser lidos e refletidos em chave de primeiro anúncio. Esse modo é o que mais se aplica à catequese em se tratando de pessoas afastadas ou pouco evangelizadas.

Jesus de Nazaré é a Palavra de Deus encarnada (Jo 1,1-5); é nele e por ele que Deus continua a falar ao mundo de uma forma definitiva e permanente (Jo 1,14; Hb 1,1-2). Em Jesus, a Palavra do Pai se torna uma pessoa; por isso, os Evangelhos são o coração da Bíblia e a porta que dá acesso direto à pessoa de Jesus Cristo. A melhor maneira de conhecê-lo é tomar o livro nas mãos e começar a ler.

Toda ação da Igreja encontra no anúncio dessa Palavra a sua razão de ser: "Vão pelo mundo inteiro e anunciem a Boa-Nova para toda a humanidade" (Mc 16,15).

A tarefa preponderante do anúncio do querigma é conduzir as pessoas ao conhecimento da vida, da missão e do destino de Jesus. Para tanto, propomos a leitura continuada dos 16 capítulos do Evangelho de Marcos para que possam conhecer Jesus na fonte e criem o hábito de ler sempre a Palavra de Deus. A seguir, o texto deste capítulo foi transcrito livremente do biblista Leonardo Agostini Fernandes, com o objetivo de introduzir e estimular a leitura do Evangelho de Marcos.[1]

"O Evangelho segundo Marcos é o mais breve dentre os três sinóticos.[2] Visa responder a três perguntas: Quem é Jesus? Qual é a sua missão? Como se tornar seu discípulo?

Marcos não figura na tradição da Igreja como um dos apóstolos, mas como um discípulo e um direto colaborador, em especial de Pedro, que o chama *meu filho* ('A eleita como vós, que está em Babilônia, vos

---

[1] *Introdução ao Evangelho segundo Marcos*, pp. 7.12-13.18.20.27-31.
[2] O Evangelho segundo *Mateus*, *Marcos* e *Lucas* são chamados *Sinóticos*. Este termo é oriundo de duas palavras gregas *syn* + *optikos* ("visão de conjunto" ou "mesmo ponto de vista"), porque possuem semelhança material e oferecem uma ampla concordância, podendo ser dispostos para a leitura em colunas paralelas.

saúda, e meu filho Marcos' [1Pd 5,13]), e de Paulo, que, da sua prisão por causa de Jesus e do seu Evangelho, reclama a presença e a atuação de Marcos no ministério ('Só Lucas está comigo. Toma Marcos e traze-o contigo, pois me será útil para o ministério' [2Tm 4,11]).

Marcos tornou-se um fiel discípulo de Jesus Cristo e membro atuante em sua Igreja, companheiro de missão junto a Pedro e a Paulo, fazendo parte da primeira geração dos discípulos e missionários do Evangelho.

O segundo Evangelho parece que foi escrito para convertidos pouco familiarizados com o ambiente e com as tradições judaicas.

Conforme uma antiga tradição, o Evangelho segundo Marcos teria sido escrito em Roma, lugar final da atividade apostólica de Pedro (cf. 1Pd 5,13).

Marcos não quis fazer uma *crônica* sobre Jesus, mas encontrou um modo de apresentar a sua identidade *em duas etapas*, unidas pela célebre *confissão de Pedro* em Cesareia de Filipe (cf. Mc 8,27-30). Ali Jesus pergunta: 'Quem dizem as pessoas que eu sou?' O povo dizia que era um profeta ou João Batista... Então, Jesus pergunta diretamente aos apóstolos: 'E vós, quem dizeis que eu sou?' Pedro respondeu: 'Tu és o Cristo'. Assim, a sua identidade e missão revelam *o messias* que realiza o Reino de Deus pela total obediência ao Pai.

Primeira etapa: Jesus e as multidões (1,1–8,26)

Nota-se a relação de Jesus com as multidões, que compreendem muito pouco do seu 'ensinamento' sobre o Reino de Deus.[3] Por causa dessa 'incompreensão', no Evangelho segundo Marcos os fatos são privilegiados. Os feitos de Jesus, mais do que os discursos, atestavam melhor o Reino de Deus para os destinatários.

Todavia, apesar de Jesus realizar vários milagres, ele busca ocultar e preservar o seu messianismo do perigo de não ser bem entendido pelo povo e até pelos próprios discípulos. Esse 'ocultamento' é chamado *segredo messiânico* (cf. Mc 1,33-34; 3,12; 5,43; 7,36; 8,26).

Marcos tem o interesse de evidenciar o mistério de Jesus: revelando-o não somente como *Cristo*, mas também como verdadeiro *Filho de Deus* (cf. Mc 1,1).[4] O caminho para alcançar essa meta é fatigoso e difícil, em meio a intrigas, incompreensões e ameaças de morte. Ao lado disso, o *segredo messiânico* (cf. Mc 1,33-34; 3,12; 5,43; 7,36; 8,26) perpassa todo o Evangelho, dando a entender que, para reconhecer e acolher Jesus como messias, se faz necessário acolher, integralmente, a vontade de Deus, liberando-se do equívoco de ver o messias como alguém intocável pelos homens. Os compatriotas de Jesus esperavam um messias nos moldes do rei Davi, líder bélico, revestido de grandeza e majestade, e não como Jesus o viveu, pelo serviço e doação.[5]

---

[3] A categoria teológica "Reino de Deus" é uma característica do Evangelho proclamado por Jesus, que irrompe na história não como um "lugar geográfico", mas como a ação total de Deus na vida de uma pessoa. Dizer "Reino de Deus" equivale a dizer que "Deus reina" na vida da pessoa que a ele adere. Em Jesus, o Reino é pleno e sem dicotomias, pois Jesus realiza, plenamente, a vontade de Deus.

[4] O caminho para o conhecimento de Jesus nos Evangelhos de Mateus, Marcos e Lucas é apresentado como um percurso *ascendente*, isto é, o reconhecimento sobre a identidade e a missão de Jesus parte da sua humanidade para chegar à revelação da sua divindade. É um método indutivo, pois parte-se do elemento particular (o humano) para alcançar o elemento mais abrangente (o divino).

[5] Nas tentações enfrentadas por Jesus, segundo as narrativas de Mateus e Lucas, ficou marcada a rejeição de um messianismo meramente terreno. Ele escolheu a via do serviço como caminho para realizar a vontade do Pai. Jesus não é o messias da "vida fácil" (mudar pedras em pães), do "sucesso" (pular do pináculo) e do "poder" (posse dos reinos), mas sim aquele em que o Servo se entrega livremente como vítima pelos pecadores (cf. Is 52,13–53,12).

Jesus demonstrou que não veio ser o messias guerreiro e líder político. Ele assumiu e se apresentou como servo sofredor, como o messias segundo o desígnio do Pai.[6] Ele veio para realizar a vontade do Pai e não o querer dos homens permeado de grandezas e glórias humanas.

Por isso, o segredo messiânico transparece no Evangelho segundo Marcos como uma tentativa de salvaguardar o ministério público de Jesus, para que não fosse ameaçado pelas falsas pretensões em torno de um messias preocupado, apenas, em salvar o povo eleito no que dizia respeito às questões materiais. Jesus é o messias que veio realizar a verdadeira libertação da opressão causada pelos grilhões do pecado e das injustiças, restaurando a integridade original do ser humano.

Jesus foi admirado pelos seus compatriotas, mas não foi compreendido e, por conseguinte, foi rejeitado por se definir como o *Filho do Homem Sofredor*. Percebe-se que as multidões (cf. Mc 1,14–3,12; 6,1-6), os familiares (cf. Mc 3,20-21) e os seus discípulos (cf. Mc 8,31-38) também não conseguiram penetrar no íntimo e na lógica do messianismo vivido por Jesus.

A identidade de Jesus é um mistério, é uma revelação que pertence exclusivamente ao Pai (cf. Mc 1,11; 9,7), mas que, por palavras e obras, é dada aos discípulos em um momento certo (cf. Mc 4,10-13; 8,27-30). Jesus, pessoalmente, também se revelará e se confessará messias diante da insistente pergunta feita pelo Sumo Sacerdote (cf. Mc 14,60-62), mas, na dinâmica do Evangelho segundo Marcos, essa confissão ficou reservada ao centurião diante da sua cruz (cf. Mc 15,39).

Pelo segredo messiânico, Jesus revela o caminho assumido, capaz de manifestá-lo como o Filho que verdadeiramente se entregou à vontade do Pai. Jesus demonstrou a sua divindade, aceitando a rejeição dos homens, representados tanto pelos judeus como pelos romanos, e pela incompreensão dos seus discípulos e familiares.

Na dinâmica do ministério, para Jesus importa instaurar e realizar o Reino de Deus que possui uma força própria e cresce por si só (cf. Mc 4,26-32). Um Reino que não se conquista pelas riquezas, pelo sucesso

---

[6] Essa perspectiva está acentuada nos textos litúrgicos da Semana Santa, quando são lidos os *cantos do servo sofredor de Isaías* aplicados a Jesus Cristo (Domingo de Ramos: Is 50,4-7; Paixão do Senhor: Is 52,13–53,12).

(cf. Mc 10,23-35) ou pela força do poder político (cf. Mc 11,10), mas que deve ser acolhido na simplicidade (cf. Mc 10,13-16).

Jesus, em sua identidade e missão, revela-se *o messias* que realiza o Reino de Deus pela total obediência. Mas como Jesus faz isso? Três momentos, presentes no Evangelho segundo Marcos, podem ajudar a responder a esta pergunta, levando-se em consideração estas *duas etapas* interligadas pela confissão de Pedro:

- No primeiro momento, a missão do Filho acontece através das suas palavras e obras ligadas ao seu ministério na Galileia, que denunciam quem ele é, isto é, revelam a sua identidade.

- As multidões, vendo tudo o que Jesus ensina e realiza, se interrogam a respeito dele, mas não conseguem ir além do reconhecimento de que ele age como se fosse um profeta (cf. Mc 1,14–8,26). Não obstante isso, os milagres que Jesus opera e a sua palavra de autoridade revelam a força da sua atuação salvífica. Por causa dessa autoridade, apresentam-se os seus opositores: (a) os demônios (cf. Mc 1,24.34; 5,7); (b) os fariseus, que tramam contra a sua vida (cf. Mc 3,6); (c) os apóstolos, que, não compreendendo, ficam perplexos diante das palavras e das obras de Jesus (cf. Mc 4,13; 6,52; 7,18; 8,17-21; 9,31-33).

Segunda etapa: Jesus e os seus discípulos (8,27–16,20)

No segundo momento, acontece a revelação do Filho como sendo o Cristo. Essa revelação é feita aos discípulos, inicialmente, através da instrução que Jesus inicia a partir da confissão que brota nos lábios de Pedro: *Tu és o Cristo*. Com essa confissão, tem início a viagem de Jesus com os seus discípulos rumo a Jerusalém para concluir a sua missão (cf. Mc 8,27–13,23).

Jesus pretende mostrar aos discípulos que a confissão *Tu és o Cristo* não era uma simples afirmação que brotara nos lábios de Pedro, mas consistia em uma revelação que exigia assumir, aderir e entender o plano divino do Messias, isto é, a realização do Reino de Deus e de sua vontade.

A partir dessa confissão, as multidões saem parcialmente de cena, os milagres diminuem e Jesus dedica-se, quase exclusivamente, à instrução dos seus discípulos. Estes, porém, não entendem o sentido do mistério messiânico de Jesus (cf. Mc 8,33; 9,10.32; 10,38). Por três vezes Jesus anuncia a sua paixão-missão (cf. Mc 8,31-33; 9,30-32; 10,32-34), a fim de ajudá-los a superar o messianismo terreno do poder e da glória meramente humanos. No fundo, Jesus pretende que eles alcancem uma plena compreensão da revelação da sua identidade. Por isso, do seu ensinamento resulta que ele é *o Filho e Senhor de Davi* (Mc 12,36; cf. Sl 110,1), e *O Filho do Homem vindo entre as nuvens* (Mc 13,26; cf. Dn 7,14-15 e Ez 1,26-28).

Jesus é, ao mesmo tempo, o Filho do Homem e o Servo Sofredor, que seguirá a estrada do sofrimento e da cruz para salvar e resgatar todos aqueles que o aceitarem (Mc 10,45 parece aludir a Is 52,13–53,12).

No terceiro momento, acontece a revelação de Jesus, como Messias e Filho de Deus. Esse momento se realizou pela total doação de Jesus durante a sua entrega eucarística, que antecipa a sua paixão e morte. É a autorrevelação de Jesus como Messias e Filho de Deus. A cruz é o sinal que visualiza a sua identidade e a sua missão, concretizando, assim, a manifestação de Deus que ocorreu no momento do Batismo (Mc 1,9-11 é uma chave de leitura para todo o Evangelho), da transfiguração (cf. Mc 9,7), e no momento em que um pagão, isto é, o executor da sentença, reconhece a filiação divina no crucificado: 'Verdadeiramente este homem era Filho de Deus' (Mc 15,39).

Marcos, então, quer conduzir o ouvinte-leitor à total revelação da identidade-missão de Jesus. Ele é o Filho do Homem anunciado pelo profeta Daniel 7,13-15 (cf. Mc 8,38; 13,26-27). Logo, é verdadeiro Deus. Ele é o Servo de YHWH, capaz de sofrer e de se compadecer diante do sofrimento anunciado em Is 52–53 (cf. Mc 1,11; 9,7; 10,45). Logo, Jesus é verdadeiro Homem. Portanto, parece que a intenção fundamental de Marcos, com relação aos seus destinatários, é anunciar Jesus como verdadeiro Homem e verdadeiro Deus, através de um caminho que leve a comunidade cristã à aceitação e à profissão de sua fé.

A segunda etapa está ligada à Judeia e em particular à capital, Jerusalém, onde o ministério de Jesus é consumado. Essa etapa pode ser dividida em dois momentos: (a) a viagem rumo a Jerusalém (cf. Mc 10,32-52); (b) os eventos em Jerusalém (cf. Mc 11,1–16,8.9-20).

Os discípulos, por primeiro, são os que devem reconhecer e compreender o significado do messianismo assumido por Jesus (cf. Mc 8,27-33). Por isso, Jesus lhes fala, abertamente, sobre o centro da sua missão, paixão e morte, entendendo a natureza e a razão última do ministério. O ponto culminante da revelação messiânica acontecerá em duas fases ou momentos: (a) durante o processo de condenação de Jesus diante do Sumo Sacerdote (cf. Mc 14,60-62); (b) no momento da sua morte de cruz diante do centurião (cf. Mc 15,39)."

Oficinas sobre o querigma

Experiência de fé

Leia: 1Rs 19,9-18.

"Também hoje, em nossa vida, Deus se manifesta muitas vezes e de maneiras diferentes. Por vezes serve-se de acontecimentos extraordinários, como são os desequilíbrios da natureza, as grandes decepções, uma doença grave ou a morte de uma pessoa que nos é querida. Normalmente, porém, manifesta-se em nossa vida por meio de brisas suaves – isto é, de acontecimentos tão simples, que não valorizamos; tão rotineiros, que nem percebemos; tão frequentes, que nem lhes damos valor. Contudo, cada passagem sua é especial, não repetível e única.

O episódio envolvendo Elias nos ensina que é o Senhor quem escolhe a maneira de se manifestar para nós. Cabe a nós descobrir essa maneira [...] Enquanto isso, o Deus vivo e verdadeiro passa em nossos caminhos como uma brisa suave e amena, para possibilitar-nos experiências marcadas pelo amor, pela alegria e pela paz. Só perceberemos Deus se formos capazes de valorizar o sorriso de uma criança, a beleza de uma flor à beira do caminho ou a onda do mar que se desmancha na areia da praia" (KRIEGER, Murilo S. R. Se eu tivesse uma câmera).

Como perceber a manifestação de Deus na própria vida? Quem já sofreu uma situação de grande perda ou sofrimento? Em que situações ou momentos a manifestação de Deus ficou mais clara?

Selecione uma experiência de fé para ser partilhada com o plenário como acontecimento de salvação.

Querigma

Leia: 1Cor 15,3-5.

Em que momentos ou situações você anunciou o Senhor com convicção e como Boa-Nova em ação?

Qual deve ser o querigma para a situação de fé de sua comunidade?

Catequese

Aponte algumas características da catequese querigmática.

Destaque a eficácia da Palavra, assim como foi dito anteriormente: Esse anúncio é proposto à aceitação daquele que escuta não como fato passado, mas plenamente atual, capaz de inserir o ouvinte na continuidade da única história da salvação, conduzida durante o tempo da Igreja pelo mesmo Espírito Santo. Pelo nome de Jesus se faz atual a obra da salvação que comunica sua vitória de Senhor ressuscitado e fonte do Espírito Santo. A Palavra age, converte e produz o que promete. Essa eficácia, própria dela, nos autoriza a pregar sem medo de exageros, porque é ela quem age, sem depender diretamente de nossa santidade. Claro que nosso testemunho confere credibilidade às nossas palavras. Mas, em primeiro lugar, a eficácia é da Palavra.

O que essas características alteram seu modo atual de fazer catequese?

Leitura querigmática

O querigma é interpelante, reitera a promessa de graça aplicando-a ao contexto dos ouvintes para suscitar a reação de cada um à mensagem.

Numa leitura querigmática, o que destacar na pregação destes textos?

- Fl 2,6-11 – Ao nome de Jesus todo joelho se dobre.
- Mc 1,15 – A radical novidade do Reino.
- Mt 11,2-6 – Os cegos recuperam a vista.
- Lc 4,14-21 – Início do ministério em Nazaré da Galileia.
- Lc 19,1-10 – A conversão de Zaqueu.
- Mc 2,1-12 – "Levanta-te, pega a tua maca e vai para casa!".
- Rm 10,8-13 – Todo aquele que confessar o nome do Senhor.
- Tt 2,11-14 – A graça salvadora de Deus se manifestou.

Pastoral do Batismo de crianças

Na catequese dos pais e padrinhos que pedem o Batismo para os filhos, comente a pertinência destes passos:

- acolher, despertar e motivar as pessoas para a importância da fé na vida da família;

- anunciar e testemunhar a alegria de seguir Jesus Cristo;
- dialogar com eles sobre a missão da Igreja;
- transmitir o gosto de pertencer à Igreja Católica.

Apresentar o trabalho da comunidade, de algumas pessoas com maior empenho na comunidade.

Iniciação cristã de adultos

De acordo com o capítulo "Iniciação cristã e querigma":

- Como conjugar os três verbos nesta pastoral: visitar, acolher e escutar?
- Como viabilizar o ministério do introdutor na catequese com adultos?

Acolhida

- Como sermos mais acolhedores?
- Como tornar nossas comunidades mais acolhedoras?
- Como valorizar mais as pessoas na comunidade?

Visitação

- Cite experiências bem-sucedidas de visitação.
- O que anunciar durante as visitas?
- Que cuidados tomar?

Bibliografia

Documentos da Igreja

ARQUIDIOCESE DO RIO DE JANEIRO. *Diretório Arquidiocesano da Iniciação Cristã.* Rio de Janeiro: Nossa Senhora da Paz, 2008.

BENTO XVI. *O Ano da fé. Introdução.* Audiência Geral. 17/10/2012. Disponível em: <http://www.vatican.va/holy_father/benedict_xvi/audiences/2012/documents/hf_ben-xvi_aud_20121024_po.html>.

BENTO XVI. *O Ano da fé. O que é a fé.* Audiência Geral. 24/10/2012. Disponível em: <http://www.vatican.va/holy_father/benedict_xvi/audiences/2012/documents/hf_ben-xvi_aud_20121024_po.html>.

BENTO XVI. *O Ano da fé. A fé da Igreja.* 31/10/2012. Disponível em: <http://www.vatican.va/holy_father/benedict_xvi/audiences/2012/documents/hf_ben-xvi_aud_20121031_po.html>.

BENTO XVI. *O Ano da fé. O desejo de Deus.* Audiência Geral. 07/11/2012. Disponível em: <http://www.vatican.va/holy_father/benedict_xvi/audiences/2012/documents/hf_ben-xvi_aud_20121107_po.html>.

BENTO XVI. *O Ano da fé. Os caminhos para chegar ao conhecimento de Deus.* Audiência Geral. 14/11/2012. Disponível em: <http://www.vatican.va/holy_father/benedict_xvi/audiences/2012/documents/hf_ben-xvi_aud_20121114_po.html>.

BENTO XVI. *O Ano da fé. Como falar de Deus?* Audiência Geral. 28/11/2012. Disponível em: <http://www.vatican.va/holy_father/benedict_xvi/audiences/2012/documents/hf_ben-xvi_aud_20121128_po.html>.

CATECISMO DA IGREJA CATÓLICA.

CELAM. *Documento de Aparecida.* Texto conclusivo da V Conferência Geral do Episcopado Latino-Americano e do Caribe. 13-31 de maio de 2007. São Paulo: Paulus/Paulinas/Edições CNBB, 2007.

CNBB. *Anúncio querigmático e evangelização fundamental.* Brasília: Edições CNBB, 2009. (Subsídios Doutrinais, n. 4).

CNBB. *Diretrizes Gerais da Ação Evangelizadora da Igreja no Brasil – 2008-2010.* São Paulo: Paulinas, 2008. (Documentos CNBB 87).

CNBB. *Diretrizes Gerais da Ação Evangelizadora da Igreja no Brasil – 2011-2015.* São Paulo: Paulinas, 2011. (Documentos CNBB 94).

CNBB. *Discípulos e servidores da Palavra de Deus na missão da Igreja.* São Paulo: Paulinas, 2012. (Documentos CNBB 97).

CNBB. *Com adultos, catequese adulta.* Texto-base elaborado por ocasião da 2ª Semana Brasileira de Catequese. São Paulo, Paulus, 2001. (Estudos CNBB 80).

CNBB. *Comunidade de comunidades:* uma nova paróquia. Brasília: Edições CNBB, 2013. (Estudos CNBB 101).

CNBB. *Formação dos catequistas:* critérios pastorais. São Paulo: Paulus, 1990. (Estudos CNBB 59).

FRANCISCO I. *Encíclica Lumen Fidei.* São Paulo: Paulinas, 2013.

FRANCISCO I. *Palavras do Papa Francisco no Brasil.* São Paulo: Paulinas, 2013.

RITUAL DE INICIAÇÃO CRISTÃ DE ADULTOS.

Estudos

FERNANDES, Leonardo Agostini; GRENZER, Matthias. *Evangelho segundo Marcos:* eleição, partilha e amor. São Paulo: Paulinas, 2012.

FRISULLO, Vicente. *As imagens de Jesus:* leitura a partir dos manuais de Confirmação do Brasil. São Paulo: Paulinas, 2012. pp. 63-94.

KRIEGER, Murilo S. R. *Se eu tivesse uma câmera digital...* São Paulo: Paulinas, 2014.

LATORRE, Jordi. *Modelos bíblicos de oração:* herança do Antigo Testamento na liturgia. São Paulo: Paulinas, 2011.

LOPES, Geraldo. *Lumen Gentium:* texto e comentário. São Paulo: Paulinas, 2011.

MORLANS, Xavier. *El primer anuncio:* el eslabón perdido. Madrid: PPC, 2009.

MURAD, Afonso. *Maria, toda de Deus e tão humana.* São Paulo: Paulinas/Siquem, 2004. (Livros Básicos de Teologia, n. 8.2.).

OLIVEIRA, Pedro A. Ribeiro; DE MORI, Geraldo (org.). *Deus na sociedade plural:* fé, símbolos, narrativas. São Paulo: Paulinas-Soter, 2013.

PEREIRA, José Carlos. *Pastoral da acolhida:* guia de implantação, formação e atuação dos agentes. São Paulo: Paulinas, 2010.

Rua Dona Inácia Uchoa, 62
04110-020 – São Paulo – SP (Brasil)
Tel.: (11) 2125-3500
http://www.paulinas.com.br – editora@paulinas.com.br
Telemarketing e SAC: 0800-7010081